一般社団法人
日本経済団体連合会

2024 年版

経営労働政策特別委員会報告

デフレ完全脱却に向けた「成長と分配の好循環」の加速

Keidanren
Policy & Action

序　文

　昨年の春季労使交渉は、30年ぶりとなる物価上昇の下で行われたことから、2023年版の「経営労働政策特別委員会報告（経労委報告）」では、物価動向への対応を久々に記述した。同報告を公表して以降、経団連は様々な機会をとらえ、これまでにない熱量で賃金引上げを呼びかけた。その結果、多くの方々のご尽力により、30年ぶりとなる高い月例賃金引上げを記録し、2023年は「構造的な賃金引上げ」の実現に向けた起点・転換の年となった。

　しかし、これに満足することなく、今年の春季労使交渉にあたっては、昨年以上の熱量と決意をもって物価上昇に負けない賃金引上げを目指すことが経団連・企業の社会的責務と考えている。この「2024年版経労委報告」の大きな目的・役割は、こうした経団連の意志を広く世に示し、賃金引上げのモメンタムの維持・強化を図っていくことにある。各企業においては、「賃金決定の大原則」に則った検討の際、特に物価動向を重視し、ベースアップを念頭に置きながら、自社に適した方法でできる限りの賃金引上げの検討・実施を強くお願いしたい。

　この背景には、昨年から起動した「構造的な賃金引上げ」実現に向けた歯車を、今年以降も確実に加速できるかどうかに、日本経済の趨勢・未来がかかっているとの極めて強い危機感がある。今回のコストプッシュ型のインフレを契機として、わが国がデフレから完全脱却できるラストチャンスが巡ってきているとの認識を社会全体で共有して取り組んでいかなければならない。こうした想いを、この「2024年版経労委報告」を通じて一人でも多くの方々に共感していただき、社会的なムーブメントとすることが、私の切なる願いでもある。

　一方で、現在の物価水準は、政府・日銀が安定的な目標としている2％程度を大きく上回っている。政府・日銀に対して、2％程度の「適度な」物価上昇の実現に向けた政策を求めながら、「官民連携によるデフレからの完全脱却」をキーワードに、昨年以上の賃金引上げに果敢に取り組んでいきたい。

「2024 年版経労委報告」は、中小企業と有期雇用等社員における賃金引上げの項目を経営側の基本スタンスの中に独立して設けるなど、その重要性をより強調している。とりわけ、地方経済の担い手であり、働き手の7割近くを雇用している中小企業において「構造的な賃金引上げ」を実現することが、わが国全体の機運醸成には欠かせない。そのためには、価格転嫁や価格アップに対するネガティブな意識を社会全体で変革していく必要がある。その一環として、経団連は、社会性の視座に立って、経団連の全会員企業に政府の「パートナーシップ構築宣言」への参画を求めるとともに、その実効性の確保に一層取り組んでいく。さらには、望ましい取引慣行の実行という同宣言の趣旨を、ソーシャルノルム、社会的な規範として浸透させたいと考えている。

　昨年末の記者会見で、2023 年の漢字を問われ、「環」と申し上げた。昨年は「成長と分配の好循『環』」を掲げ、賃金引上げなどに精力的に取り組んだ。今年は、賃金引上げのモメンタムをさらに強化し、企業内はもとより、サプライチェーン全体、日本社会全体に「環」るよう、実行・実現の年とすることが望まれる。中小企業を含む多くの企業が原資を継続的に確保し、賃金引上げのモメンタムを維持・強化して、多くの働き手が賃金引上げを実感できるよう「構造的な賃金引上げ」と「分厚い中間層の形成」を図り、「成長と分配の好循環」を創り上げ、ウェルビーイングな日本社会を実現したい。
　こうしたビジョンを労使で共有しながら、明るい未来を協創すべく、今年の春季労使交渉・協議が、より建設的で有益な話し合いの場・機会となるよう強く期待している。

2024 年 1 月 16 日

一般社団法人 日本経済団体連合会

会 長 　十 倉 　雅 和

はじめに

- 日本経済の最大の課題であるデフレからの完全脱却に向けて、「構造的な賃金引上げ」と「分厚い中間層」形成の実現に貢献し、「成長と分配の好循環」の歯車を加速させることが極めて重要。
- 生産性の改善・向上には、働き方改革の継続・深化、「ＤＥ＆Ｉ」のさらなる推進、社内外における「円滑な労働移動」、労働力不足への対応、地方経済活性化を担う地元企業・中小企業の生産性の改善・向上が肝要。
- わが国全体の賃金引上げの機運醸成につながる中小企業の構造的な賃金引上げには、その原資の確保が不可欠であり、労務費の増加分を含めた適正な価格転嫁・価格アップを社会全体で受け入れる意識改革が必要。
- 経団連は、賃金引上げのモメンタムの維持・強化、構造的な賃金引上げの実現に貢献すべく、2023年以上の熱意をもって臨む覚悟。社会課題の解決を通じて、ウェルビーイングな日本社会の創造に引き続き取り組んでいく。

第Ⅰ部　「構造的な賃金引上げ」の実現に不可欠な生産性の改善・向上

１．「働き方改革」と「ＤＥ＆Ｉ」のさらなる推進による生産性の改善・向上

- アウトプットの最大化には、働き手が高いエンゲージメントを保ちながら、働き方改革「フェーズⅡ」を深化させることが特に必要。労働時間法制の見直しや「ＤＥ＆Ｉ」のさらなる推進による労働生産性の改善・向上も重要。
- インプットを効率化する働き方改革「フェーズⅠ」の推進・継続に向けて、業務プロセスの見直しや業務の自動化・遠隔化に加え、デジタル技術を活用した現場業務の労働時間削減、柔軟な休暇取得（休み方改革）の推進等が有益。

２．「円滑な労働移動」の推進による生産性の改善・向上

- 産業構造の変革に伴う労働力需給の変化、人口減少下における労働力問題に対応し、持続的な成長を実現するには、社内外における円滑な労働移動の推進が不可欠。
- 働き手・企業・政府それぞれが、労働移動に対する意識改革に取り組むとともに、労働市場を円滑な労働移動に適したものへと創り上げていくことが必要。
- 働き手には、企業による支援策も活用しながら、自らの適性・能力・スキルに基づいた主体的なキャリア形成とその実現に必要なスキルアップに励み、雇用され得る能力（エンプロイアビリティ）の継続的な向上が望まれる。
- 企業の取組みとしては、採用方法の多様化、学び・学び直しの促進、社内公募制や副業・兼業等による制度整備、自社の人事・賃金制度や退職金制度の検証、「自社型雇用システム」の確立が肝要。
- 政府には、雇用のマッチング機能の強化、「労働移動推進型」セーフティーネットへの移行に加え、働き方や職業選択に中立的な税制や社会保障制度の検討・見直しを求める。

３．人口減少下における労働力問題への対応

- 急速な人口減少と少子化が進むわが国において、特に運輸・物流業、建設業等の従事者など経済・社会機能の維持・確保に不可欠な業種を支えるエッセンシャルワーカーの労働力不足への対応が急務。
- 多様な人材の活躍推進による「量」の確保、能力開発・スキルアップ等を通じた「質」の向上が不可欠。特に、女性と高齢者、有期雇用等労働者への対応が鍵。外国人材の受入れ拡大・定着と定住サポート等の環境整備も必須。

４．生産性の改善・向上による地方経済の活性化

- 地方経済の活性化には、その重要な担い手である中小企業の自律的・自発的な生産性の改善・向上が不可欠。企業努力に加え、様々な関係者が連携し、それぞれの特性・強みを活かして、新たな価値の創造（アウトプットの最大化）、労働時間の削減や業務プロセスの見直し（インプットの効率化）に取り組むことが必要。
- 都市部の大企業の経営資源を有効活用すべく、地方への人の流れの創出が重要。受入れ側の企業には多様な人材が活躍できる環境整備、送り出し側の都市部の企業にはテレワークの活用等や副業・兼業の促進などが不可欠。

５．法定最低賃金に関する考え方

- 地域別最低賃金は、各地方最低賃金審議会の自主性を尊重しながら、公労使三者で「全会一致」を目指して審議する重要性を共有することが不可欠。最低賃金決定の３要素を総合的に勘案し、毎年度の事業環境を丁寧に確認した上で議論することが必要。
- 複数年度にわたって地域別最低賃金を下回っている場合など実質的な機能を果たしていない特定最低賃金は、関係労使間で廃止に向けた検討を開始すべき。

ＴＯＰＩＣＳ

第Ⅰ部
- 中小企業における生産性の改善・向上の事例
- 障害者雇用の現状と今後の動向
- 就業調整（年収の壁）に関する動向
- 人材投資額・ＯＪＴ実施率の国際比較
- 採用活動に関する日程ルールの歴史と現状
- 日本型雇用システム（メンバーシップ型雇用）に関する考察
- ジョブ型雇用の現状と検討のポイント
- 雇用保険財政
- 労働力問題の現状
- ＡＩの活用状況と課題
- フリーランスの現状と保護に関する動向
- 職場における安全衛生対策

第Ⅱ部
- 物価上昇局面における賃金引上げの動向
- 実質賃金に関する考察
- 中小企業の賃金引上げに関する現状と課題
- 労働分配率の動向
- 内部留保のあり方
- 配偶者手当の現状と課題
- 同一労働同一賃金法制と有期雇用等労働者の待遇改善
- 日本の労使関係

デフレ完全脱却に向けた「成長と分配の好循環」の加速

第Ⅱ部　2024年春季労使交渉・協議における経営側の基本スタンス

1．2023年春季労使交渉・協議の総括
- 月例賃金引上げは約30年ぶりの高水準を記録。賃金引上げのモメンタムが維持・強化され「起点・転換の年」に。
- 総合的な処遇改善・人材育成では、エンゲージメント向上の観点から様々議論され、導入・拡充に向けて着実に進展。

2．わが国企業を取り巻く経営環境
- 世界経済は、強力な金融引締め実施により成長に鈍化の兆し。先行きは、2024年に減速、2025年に回復と予測。
- 日本経済は、社会経済活動が正常化する中で、緩やかに持ち直し。先行きも持ち直しが期待。他方、世界経済下振れによる輸出減少や原材料エネルギー価格の高騰などに注視が必要。
- 消費者物価（生鮮食品を除く総合）は、3％を下回る水準に低下。先行きは、伸び率が縮小していくとの予想。
- 企業業績では、2023年度の経常利益において過去最高水準が見込まれるが、業種ごとに状況はまちまち。

3．連合「2024春季生活闘争方針」への見解
- 持続的な賃金引上げの実現、日本全体の生産性向上による「成長と分配の好循環」の必要性、2024年春季労使交渉がわが国経済社会のステージ転換を図る正念場との認識など、基本的な考え方や方向性は経団連と多くの点で一致。
- 「賃上げ分3％以上、定昇相当分（賃金カーブ維持相当分）を含め5％以上の賃上げ」を「目安」と位置付けたことは、企業労使において自社の実態を踏まえた検討・議論に資すると認識。
- 中小組合に対する「総額15,000円以上を目安」とする要求水準については、まずは企業別労働組合が建設的な賃金交渉に資する要求を検討・決定し、それを踏まえ、企業労使には自社の実態に照らして真摯に議論する責任がある。

4．2024年春季労使交渉・協議における経営側の基本スタンス
- 物価上昇が続く中、「社会性の視座」に立って賃金引上げのモメンタムを維持・強化し、「構造的な賃金引上げ」の実現に貢献していくことが、経団連・企業の社会的な責務。
- 今年の春季労使交渉・協議は、「コストプッシュ型」による高い物価上昇局面で行われることから「賃金決定の大原則」に則った検討の際、特に物価動向を重視し、労使で真摯な議論を重ねて自社に適した結論を得ることが必要。
- 中期的には、生産性の改善・向上により賃金引上げの原資を確保した上で、物価動向に留意し、「賃金決定の大原則」に則り、成長の果実を賃金引上げと総合的な処遇改善・人材育成として適切に反映する対応が肝要。
- 賃金引上げの積極的な検討では、月例賃金（基本給）、初任給、諸手当、賞与・一時金（ボーナス）を柱として、多様な方法・選択肢の中から自社に適した適切な結論を見出すことが大切。
- 賃金引上げの機運醸成には、中小企業における構造的な賃金引上げの実現が不可欠。中小企業における自発的な取組みに加え、適正な価格転嫁に向けたサプライチェーン全体での取組み、社会全体での環境整備・意識改革が不可欠。
- 有期雇用等労働者のエンゲージメント向上とともに、同一労働同一賃金法制への対応、能力開発・スキルアップ支援、正社員登用の推進などによって、賃金引上げ・処遇改善に取り組むことが必要。
- 総合的な処遇改善・人材育成による「人への投資」の促進が重要。「働きがい」「働きやすさ」に加え、「担当業務との関連度合い」や「対象とする社員」などの観点からの検討も有益。
- 労使は「闘争」関係ではなく、価値協創に取り組む経営のパートナーとの認識をより強くしながら、経団連は、わが国が抱える社会的課題の解決に向けて、未来を「協創」する労使関係を目指していく。

2024 年版　経営労働政策特別委員会報告　目次

はじめに

　わが国は様々な課題に直面している。足元では、不安定な国際情勢や円安基調などを背景に上昇傾向にある物価動向への対応が挙げられる。先を展望すれば、少子化と人口減少による供給面の制約を受け続けることが確実な状況にある。

　こうした中、すべての人々の人権を尊重する経営の実践[1]を通じて安定的かつ持続的な経済成長を実現し、その成長の果実を、「人への投資」促進の両輪と位置付けている賃金引上げと総合的な処遇改善・人材育成を通じて働き手に適正に分配する「成長と分配の好循環」を回していく必要がある。

　2023年は、30年ぶりとなる歴史的な月例賃金引上げを記録[2]するなど、日本経済の最大の課題であるデフレからの完全脱却に向けて、「成長と分配の好循環」の歯車が力強く回り出した。これを起点に、2024年以降も「人への投資」の促進、賃金引上げのモメンタムの維持・強化によって「構造的な賃金引上げ」と「分厚い中間層」形成の実現に貢献し、「成長と分配の好循環」の歯車を加速させることが極めて重要である。そのためには、各企業において、賃金引上げの原資を継続的に確保する必要があり、国際的に低位にある生産性の改善・向上[3]が急務となっている。

---

[1] 経団連では、企業行動憲章第4条に「すべての人々の人権を尊重する経営を行う」を掲げていることに加え、自主的な取組みを推進すべく、2021年12月に「人権を尊重する経営のためのハンドブック」を策定している。政府も、2022年9月にビジネスと人権に関するガイドラインを策定し、推進している。

[2] 経団連の調査では、2023年の月例賃金引上げ率は大手企業3.99%、中小企業3.00%であった。大手企業は1993年（3.86%）、中小企業は1994年（3.00%）以来の高い引上げ率となった。詳細は94頁「1．2023年春季労使交渉・協議の総括」参照。

[3] わが国の1人当たり労働生産性（2022年）はOECD加盟38ヵ国中31位であり、時間当たりの労働生産性も38ヵ国中30位となっている。

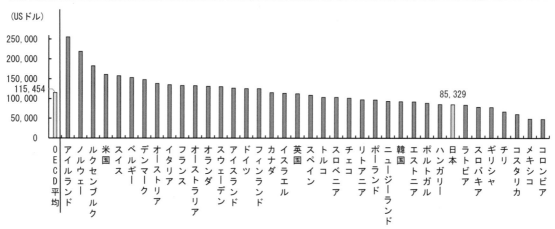

図 表　1人当たり労働生産性の国際比較（2022年）

注：購買力平価換算の米国ドル単位での比較。
出典：日本生産性本部「労働生産性の国際比較2023」

　生産性の改善・向上には、インプット（労働投入）を効率化する働き方改革「フェーズⅠ」を推進・継続しながら、アウトプット（付加価値）の最大化を図る「フェーズⅡ」を実現・深化させる必要がある。とりわけ、生産性の改善・向上への寄与が大きい「フェーズⅡ」に軸足を置いた取組みが求められる。

　あわせて、働き手のエンゲージメント[4]向上とイノベーション創出を図るべく、「DE＆I（Diversity, Equity & Inclusion）」[5]のさらなる推進を通じて、多様な人材が強みや個性を発揮できる環境整備が欠かせない。

　また、デジタルトランスフォーメーション（DX）やグリーントランスフォーメーション（GX）、科学技術・イノベーションの推進、スタートアップの躍進などによる産業構造の変革とそれに伴う労働力需給の変化への対応として、社内外における「円滑な労働移動」の推進に向けた働き手・企業・政府の各主体による取組みと、転職や退職な

---

[4] 経団連では、「働き手にとって組織目標の達成と自らの成長の方向性が一致し、『働きがい』や『働きやすさ』を感じられる職場環境の中で、組織や仕事に主体的に貢献する意欲や姿勢を表す概念」と整理している。

[5] 「ダイバーシティ（多様性）」と「インクルージョン（包摂性）」を表す「D＆I」に、「エクイティ（公正性・公平性）」を付加した概念。詳細は10頁「③『DE＆I』のさらなる推進」参照。

ど労働移動に対する意識改革が望まれる。これは、日本全体の生産性の改善・向上にも資するものである。

人口減少によるわが国全体の労働力不足に加え、今回のコロナ禍を契機として、経済・社会機能の維持・確保に不可欠な業種で、現場を支えるエッセンシャルワーカーの人手不足の深刻さが露呈した。

女性や若年者、高齢者、障害者、有期雇用等労働者など多様な人材の活躍を推進して労働参加率を高めることで「量」を確保するとともに、能力開発・スキルアップによって「質」を担保するなど、量・質の両面から充足する必要がある。

「成長と分配の好循環」の成果をわが国全体に行き渡らせるには、地方経済の活性化を担う地元企業と、企業数のほとんどを占める中小企業[6]における生産性の改善・向上が肝要である。

わが国全体の賃金引上げの機運醸成につながる中小企業における構造的な賃金引上げ[7]には、その原資の確保が不可欠であり、人件費・労務費の増加分を含めた適正な価格転嫁・価格アップを社会全体で受け入れる意識改革が必要である。経団連は引き続き、「パートナーシップ構築宣言」[8]に参画する企業の一層の拡大と実効性の確保、政府・地方自治体による支援策の拡充を働きかける。さらに、雇用者の4割近くを占める有期雇用等労働者の賃金引上げ・処遇改善[9]に今後も取り組んでいく。

---

[6] 中小企業庁「2023年版 中小企業白書」によると、2016年において、中小企業基本法等の定義に基づく中小企業の数（中規模企業＋小規模企業）は約358万者と日本の全企業数の99.7%を占める。また、中小企業の従業者数は、約3,220万人と全従業員数（約4,679万人）の68.8%を占める。

[7] 詳細は115頁「（3）中小企業における構造的な賃金引上げ」参照。

[8] 下請け中小企業振興法の「振興基準」の遵守など望ましい取引慣行の実行を企業の代表者が宣言する取組み。宣言企業数は、約38,100社。経団連会員企業1,551社のうち802社（51.7%）が宣言済み。経団連の会長・副会長・審議員会議長・副議長企業37社ではすべての企業、常任幹事・幹事企業586社では492社（84.0%）が宣言済み（2023年12月28日現在）。

[9] 詳細は118頁「（4）有期雇用等社員の賃金引上げ・処遇改善」参照。

長きにわたるデフレからの完全脱却と、安定的かつ持続的な経済成長を実現する上で、2024年の春季労使交渉・協議は、極めて大事な意味合いをもっている。2024年以降も、成長の成果を賃金引上げや総合的な処遇改善・人材育成という形で適切に分配していくことが何より大事である。

　経団連は、「社会性の視座」に立って、賃金引上げのモメンタムの維持・強化、構造的な賃金引上げの実現に貢献すべく、2023年以上の熱意をもって臨む覚悟である。イノベーション創出による社会課題の解決を通じて、国民一人ひとりが豊かさを実感しながら、未来に希望を描くことのできるウェルビーイング[10]な日本社会の創造に向けて、引き続き取り組んでいく。

---

[10] 働き方を労働者が主体的に選択できる環境整備の推進・雇用条件の改善等を通じて、労働者が自ら望む生き方に沿った豊かで健康的な職業人生を送れるようになることにより、自らの権利や自己実現が保障され、働きがいを持ち、身体的、精神的、社会的に良好な状態になること（厚生労働省「雇用政策研究会報告書」（2019年7月））。

第Ⅰ部　「構造的な賃金引上げ」の実現に不可欠な生産性の改善・向上

　近年にない物価上昇局面で迎えた 2023 年の春季労使交渉においては、物価の動向や人材の確保・定着の観点から、大手企業を中心に大幅なベースアップが実施され、月例賃金引上げは大手企業・中小企業ともに 30 年ぶりの高水準を記録[11]した。2024 年以降も、「人への投資」の促進や賃金引上げのモメンタムの維持・強化を図り、「構造的な賃金引上げ」の実現に貢献していくことが最も大事である。各企業が「働き方改革」や「ＤＥ＆Ｉ」[12]「円滑な労働移動」を推進して生産性を改善・向上し、「適切な価格転嫁」を行い、賃金引上げの原資を継続的に確保する「稼ぐ力」を強化することが不可欠である。その鍵の１つは、働き手のエンゲージメント[13]向上であり、ウェルビーイング[14]な社会の実現にもつながる。企業は、エンゲージメント向上に資する取組みを「人への投資」の一環と位置付け、規模や業種、職種、雇用形態等にかかわらず、働き手のエンゲージメントを高め、生産性を改善・向上する必要がある。

　加えて、社会全体での「構造的な賃金引上げ」の実現には、中小企業を中心に深刻化している労働力問題への対応や、地方の企業が自律的・自発的に生産性の改善・向上に取り組み、地方経済の活性化を図っていくことも非常に重要である。

---

[11] 詳細は 94 頁「1．2023 年春季労使交渉・協議の総括」参照。

[12] 「ダイバーシティ（多様性）」と「インクルージョン（包摂性）」を表す「D＆I」に、「エクイティ（公正性・公平性）」を表す「E」を付加した概念のこと。詳細は 10 頁「③『DE＆I』のさらなる推進」参照。

[13] 経団連では、「働き手にとって組織目標の達成と自らの成長の方向性が一致し、『働きがい』や『働きやすさ』を感じられる職場環境の中で、組織や仕事に主体的に貢献する意欲や姿勢を表す概念」と整理している。

[14] 働き方を労働者が主体的に選択できる環境整備の推進・雇用条件の改善等を通じて、労働者が自ら望む生き方に沿った豊かで健康的な職業人生を送れるようになることにより、自らの権利や自己実現が保障され、働きがいを持ち、身体的、精神的、社会的に良好な状態になること（厚生労働省「雇用政策研究会報告書」（2019 年 7 月））。

１．「働き方改革」と「ＤＥ＆Ｉ」のさらなる推進による生産性の改善・向上

　企業には、「人」を起点としてイノベーション創出を図り、高付加価値の製品・サービスの提供等を通じて、収益の拡大と社会課題の解決、Society 5.0 for SDGsの実現への貢献が求められている。事業活動で得られた収益は、働き手をはじめとするステークホルダーに適切に分配し、さらなる成長に向けた好循環を形成していく必要がある。

　成長の実現には、インプット（労働投入）を効率化する働き方改革「フェーズⅠ」を推進・継続しながら、アウトプット（付加価値）の最大化を図るために、「フェーズⅡ」の深化とともに、労働時間法制における環境整備、「ＤＥ＆Ｉ」のさらなる推進によって、労働生産性の改善・向上に注力していくことが特に重要となっている。

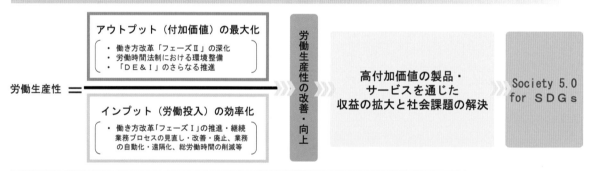

図表 1-1　　エンゲージメントと労働生産性を高める働き方改革

（１）アウトプット（付加価値）の最大化

① 働き方改革「フェーズⅡ」の深化

（ａ）エンゲージメント向上によるアウトプットの最大化

　アウトプットの最大化には、企業がＤＸやＧＸ、新たな産業構造変革を生み出す科学技術等に関するイノベーションを継続的に創出することが重要である。そのためには、働き手が高いエンゲージメントを保ちながら仕事に取り組み、組織としてのパフォーマンスを高めるこ

とが不可欠である。エンプロイアビリティ[15]の向上につながる仕事の提示や教育・訓練の実施、働き手の裁量にできるだけ任せて意欲・能力に応じて自律的に働ける社風の醸成や仕組み・ルールの整備、成果の処遇への適切な反映などの企業全体での取組みに加え、年代や部署など区分ごとにエンゲージメントの状況を継続的に把握[16]し、対策を講じる必要がある。こうした取組みは、経営トップによる現場訪問や社員とのタウンミーティング、動画等によるメッセージ発信など企業内コミュニケーションの活性化とセットで実施することが肝要[17]である。

　加えて、組織活性化に向けたマネジメント[18]も、働き手のエンゲージメント向上に有効な手段といえる。働き手への意見聴取やアンケート調査等に基づいて現状を整理・分析して課題を抽出し、改善策を講じていく方法や、働き手との直接対話を通じて、組織のあるべき姿について合意形成を図りながら実現していく手法などがある。

　さらに、企業理念・事業目的の浸透、社内報やチャットツールの導入・活用、日常会話がしやすいオープンスペースの設置等による企業内コミュニケーションの活性化[19]、自社の多様な働き手個々人に着目したマネジメントの個別化などに取り組んでいくことが肝要である。

---

[15] 雇用され得る能力のこと。現在働いている企業だけでなく、他の企業においても通用する能力を指す。

[16] 経団連「2023年人事・労務に関するトップ・マネジメント調査結果」によると、社員のエンゲージメントの現状について、「高い層と低い層がある（まだら）」（54.7％）との回答が最も多く、以下、「全体的に高い状況にある」（18.9％）、「全体的に低い状況にある」（8.6％）となっている。

[17] 経団連「2022年人事・労務に関するトップ・マネジメント調査結果」によると、社員のエンゲージメントを高める施策として実施しているもの（複数回答）では、「社員と経営トップ・役員との対話」が74.6％を占めており、このうち「（明確または一定の）効果がみられる」との回答がほとんど（97.3％）であった。効果がみられる具体的な実施方法（複数回答）では、「ビデオやメールによるメッセージの配信」（77.9％）、「経営トップの職場訪問・意見交換」（77.0％）、「経営トップと社員（年代別など）のタウンミーティングの開催」（64.3％）の回答が多い。

[18] 一般的に「組織開発（Organization Development）」と呼ばれることが多い。1950年代終盤にアメリカで誕生し、欧米で発展してきた考え方。個人に着目した「人材開発」とは異なり、働き手同士の関係性に着目して組織内の信頼関係を強化し、組織のパフォーマンスを高めることを目的とする。

[19] 経団連「2023年人事・労務に関するトップ・マネジメント調査結果」によると、職場におけるコミュニケーション活性化施策として実施しているもの（複数回答）では、「企業理念・事業目的の浸透」（82.5％）や「社内報の活用」（82.2％）、「チャットツールの導入」（73.8％）、「多目的スペース（オープンスペース）の設置」（61.4％）などが多く挙げられている。

（b）現場業務におけるアウトプットの最大化

　生産性の改善・向上のためには、いわゆるホワイトカラーだけでなく、製造や建設、運輸、警備、介護、農林・水産などの現場業務に従事する社員のエンゲージメント向上に重点を置いた取組みが欠かせない。経団連の調査によると、現場業務に従事する社員のエンゲージメントを高める施策（複数回答）としては、「表彰・報奨の実施」（88.8％）や「安全かつ効率的な就労環境の整備」（78.5％）、「自社の経営や事業の状況等に関する情報の共有」（76.0％）などが多く挙げられている。

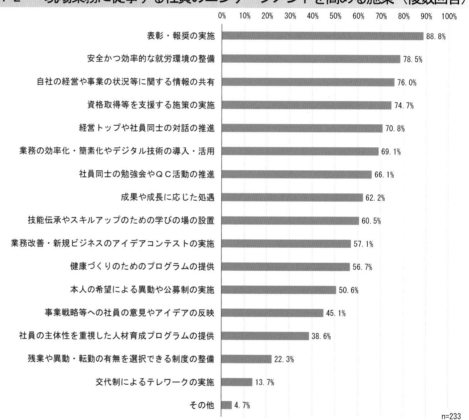

図 表 1-2　　現場業務に従事する社員のエンゲージメントを高める施策（複数回答）

施策	割合
表彰・報奨の実施	88.8%
安全かつ効率的な就労環境の整備	78.5%
自社の経営や事業の状況等に関する情報の共有	76.0%
資格取得等を支援する施策の実施	74.7%
経営トップや社員同士の対話の推進	70.8%
業務の効率化・簡素化やデジタル技術の導入・活用	69.1%
社員同士の勉強会やQC活動の推進	66.1%
成果や成長に応じた処遇	62.2%
技能伝承やスキルアップのための学びの場の設置	60.5%
業務改善・新規ビジネスのアイデアコンテストの実施	57.1%
健康づくりのためのプログラムの提供	56.7%
本人の希望による異動や公募制の実施	50.6%
事業戦略等への社員の意見やアイデアの反映	45.1%
社員の主体性を重視した人材育成プログラムの提供	38.6%
残業や異動・転勤の有無を選択できる制度の整備	22.3%
交代制によるテレワークの実施	13.7%
その他	4.7%

n=233

出典：経団連「2022年人事・労務に関するトップ・マネジメント調査結果」

　企業は、日常業務の取組みや成果を適切に評価する制度の導入・見直し、安全・安心・快適に働ける職場環境の整備・拡充、ＤＸ活用による業務の効率化、不要な作業・やり直し業務の削減、企業内コミュニケーションの活性化、働き手の能力開発・スキルアップ支援、自主

的な改善活動等の経営への反映などにより、現場業務に従事する社員のエンゲージメントを高いレベルで維持・継続する必要がある。

（c）中小企業におけるアウトプットの最大化

　大企業より人的・物的面で制約を抱えている場合が多い中小企業では、イノベーション創出の鍵となるエンゲージメント向上に取り組んでいる他の中小企業の事例[20]を参考にしながら、自律的・自発的に取り組むことが効率的といえる。例えば、経営トップと社員との近い距離間を活かした、「社員がいつでも自由に意見を伝えられる環境を整えるとともに、経営トップが全社員に対して事業に関する考え方などを随時発信」（サービス業）、「経営トップとの１on１を実施」（印刷業）などの取組みがある。

　こうした中小企業自身の取組みに加え、適正な価格転嫁（原材料費、エネルギー価格、運送費、労務費・人件費など）と、付加価値に見合った価格設定を通じて、アウトプットの増大を図っていくことが非常に重要である。政府が推進する「パートナーシップ構築宣言」[21]への参画などを通じた発注・取引条件の改善・見直し、社会全体で適正な価格アップを受容する意識改革が不可欠である[22]。

　加えて、サプライチェーンを通じた大企業による中小企業への人材育成やDX推進に関する支援、政府・自治体による「働き方改革推進

---

[20] 「時間外労働や異動の有無を働き手が選択」（飲食業）、「子育て・介護などの期間中は勤務地や職務を限定して働ける制度を導入」（機械販売業）、「グループ内などでの副業・兼業を推奨」（飲食業）、「社員にウェアラブル端末を配付して健康管理を支援」（サービス業）などの例がある。

[21] 下請け中小企業振興法の「振興基準」の遵守など望ましい取引慣行の実行を企業の代表者が宣言する取組み。宣言企業数は、約38,100社。経団連会員企業1,551社のうち802社（51.7％）が宣言済み。経団連の会長・副会長・審議員会議長・副議長企業37社ではすべての企業、常任幹事・幹事企業586社では492社（84.0％）が宣言済み（2023年12月28日現在）。

[22] 詳細は115頁「（3）中小企業における構造的な賃金引上げ」参照。

支援助成金」[23]や「ＩＴ導入補助金」[24]など、中小企業の生産性の改善・向上に対する公的支援の継続的な実施・拡充も求められる。

② 労働時間法制における環境整備

働き方改革「フェーズⅡ」の実現に向けて、企業には、経済社会の変化や働き手の多様なニーズをとらえ、働き手が最大限能力を発揮できる環境づくりが欠かせない。

一方、政府においては、働き手の健康確保を大前提に、各企業が自社の実態に応じて、「労働時間をベースとする処遇」と、裁量労働制[25]や高度プロフェッショナル制度をはじめとする「労働時間をベースとしない処遇」「仕事や役割・貢献度を基軸とする処遇」の組み合わせ[26]を可能とする労働時間法制への見直しの検討が必要である。その際には、一律・画一的な法制ではなく、過半数労働組合をはじめ、企業労使が積極的に話し合い、働き手の多様なニーズと自社の実態に応じた働き方が柔軟に選択できるような仕組みを検討することが望ましい[27]。

③ 「ＤＥ＆Ｉ」のさらなる推進

（ａ）Ｅ（エクイティ）に資する取組み

働き手のエンゲージメント向上と継続的なイノベーションの創出による付加価値の増大・最大化は、企業経営の最重要課題の一つである。

---

[23] 生産性を高めながら労働時間の縮減等に取り組む中小企業・小規模事業者や、傘下企業を支援する事業主団体に対する助成金のこと。①労働時間短縮・年休促進支援コース、②勤務間インターバル導入コース、③労働時間適正管理推進コース、④団体推進コースがある。

[24] 中小企業・小規模事業者等が自社のニーズに合ったＩＴツールを導入する際の経費の一部にかかる補助金として、中小企業庁が実施。

[25] 2024年4月1日より、専門業務型裁量労働制の対象業務として、銀行・証券会社における合併・買収・事業承継に関する考察および助言の業務が追加される予定。また、労働基準監督署への定期報告の頻度の削減や本社一括届出に関する手続きの簡素化、本人同意の取得や撤回（専門業務型・企画業務型）の要件化など、導入要件の一部見直し等も予定。そのほか、適正な制度の適用・運用を図るべく、実施が望ましい措置が新たに示される予定。

[26] 同じ企業内でも従事する職種が異なるほか、近年は、同一の労働者が日や時間帯によって企画業務と現場での生産の業務等の両方に従事する例もみられ始めていることから、実態に合わせて適切な処遇が可能となる労働時間法制が求められる。

[27] 詳細は経団連「労使自治を軸とした労働時間法制に関する提言」（2024年1月）参照。

　この解決には、企業・組織が多様な人材を受け入れ、個々人の様々な価値観や考え方を組織内で共有しながら、それぞれの強みや個性を発揮できる心理的安全性[28]の高い環境の整備が不可欠となっている。

　こうした考え方は、多くの企業・組織で、「ダイバーシティ＆インクルージョン（D＆Ⅰ）」として相当程度認知され、そのための取組みが進展している。これからは、E（エクイティ）の概念を付加し、「ダイバーシティ・エクイティ＆インクルージョン（DE＆Ⅰ）」[29]としてさらなる取組みが望まれる。そのためには、公正・公平の観点から、自社の制度や運用等を再点検するとともに、当事者ではない社員の気付き[30]や理解を促しながら進めていくことが有益である。

　DE＆Ⅰの浸透には、それに資する具体的な施策の検討・実行が大切となる。性別や国籍・人種、年齢、障害の有無、雇用形態、性的指向・性自認など働き手の多様な属性に着目した効果的な取組みを通じて、多様な人材が公正・公平の下で活躍できる環境を整備することが肝要である。

　エクイティを意識した具体的な取組みとしては、出産というライフイベントを想定し、女性社員を対象として早期に海外勤務を経験させるほか、中核業務を20代で担わせるなど「キャリアの早回し」[31]を行

---

[28] 「psychological safety」という心理学用語の和訳で、「チームにおいて、メンバー一人ひとりが恐怖や不安を感じることなく、安心して発言できる状態」をいう。この概念を最初に提唱した、ハーバード大学で組織行動学を研究するエイミー・エドモンソン氏の調査によると、心理的安全性の高いチームでは、多様性とパフォーマンスにおいて正の相関がみられるとしている。心理的安全性の確保が、DE＆Ⅰ推進の土台といえる。

[29] 「ダイバーシティ（多様性）」と「インクルージョン（包摂性）」を表す「D＆Ⅰ」に、「エクイティ（公正性・公平性）」を付加した概念のこと。なお、エクイティは、すべての社員に区別なく同じ対応をとる「イコーリティ（平等性）」とは異なり、同じものや機会を提供されても、性別や国籍、年齢、障害の有無などの特徴やそれにまつわる何らかの理由で本来発揮されるべき能力の発揮が難しい人に対して、その状況に合った適切な支援や配慮を行うことで、機会において等しくなるよう、その状況を改善することを意味している。

[30] 職場で「男性が優遇されている」と答えた割合は、男性57.0％、女性66.2％と10ポイント近い開きがあるとの調査結果（電通総研「ジェンダーに関する意識調査」（2023年6月））が示すとおり、当事者ではないマジョリティ側は、単にその属性にいるだけで優位性を享受していることに気付きにくいといわれている。

[31] 経団連「2024年版春季労使交渉・労使協議の手引き」（企業事例「エクイティに配慮した女性活躍推進施策」）参照。

っている事例がある。さらに、育児・介護等を理由に離職しても復職できるカムバック制度の導入・要件緩和、育児・介護等によって就業時間に制約を抱えた働き方や障害のある社員の日常を疑似体験させる研修の実施なども検討に値する取組みといえる。

あわせて、企業が自社の取組みを積極的に社内外に発信するとともに、政府等が先進事例を収集・周知し、横展開していくことも重要である。

図表 1-3　エクイティ施策事例

①キャリア支援	女性職員のみ20代で中核業務を担わせる「キャリアの早回し」制度 管理職の登用や海外赴任を20代後半〜30代前半に前倒し
	管理職昇進打診時に、男性に1回声をかける時、女性に3回かける運用実施
	女性管理職向けのメンター制度
	社内公募の際、「時間と場所の制約なく働けるポスト」を明示し、女性の応募を促進
	上司のジェンダーバイアスを取り除くため、昇進は手上げ制
②環境整備	リモートワークやスーパーフレックス制度、越境リモート勤務の導入
	転居を伴う転勤がない人事制度の導入
	居住地を全国可とする（出社時には出張扱いとして会社負担）
	カムバック制度（一度離職しても6年以内なら復職できる）
	コース別管理制度の廃止（一般職と総合職の統合）
	事業所内保育所の設置、懇親会は夜から昼・夕方スタートにシフト
③相互理解	妊活、更年期、月経をサポートするフェムテックサービスや相互理解研究を導入・実施
	「プレママ・プレパパセミナー」のパパ参加促進
	上司と育児中の部下が立場を逆にして「育児復帰後の働き方」を話し合うリバース面談

出典：第一生命経済研究所

（b）DE＆I推進の課題

DE＆I推進には、アンコンシャス・バイアス（無意識の思い込み）への対策も重要な課題である。アンコンシャス・バイアスに基づく思考や言動等によって、気付かぬうちに相手の尊厳を傷つけ、多様な人材の能力発揮やキャリア形成を阻害している場合がある。例えば、「家事・育児は女性が行うもの」といった役割分担意識をもつ経営者や上司、同僚によって、女性社員の就業・成長機会や男性社員の育児機会

が喪失している可能性がある[32]。

　企業・組織においては、アンコンシャス・バイアスのチェックシート[33]や事例集、その他のツール[34]なども活用しながら、働き手が自身のアンコンシャス・バイアスに気付き、改める機会を提供することが望まれる。

　あわせて、人口の１割程度といわれるＬＧＢＴＱ[35]をはじめとする性的マイノリティへの理解を深めることは、ＤＥ＆Ｉの推進はもちろん、人権尊重経営の観点からも欠かせない[36]。企業・組織においても、ＬＧＢＴＱに関する正しい情報の取得、セミナーの実施、ハラスメントやアウティング[37]の防止・禁止にかかる啓発などを通じて、性的マイノリティの人々を包摂し、心理的安全性を高める環境整備が求められている。

---

[32] アンコンシャス・バイアスには様々な種類があり、ジェンダーや人種などに関する先入観や固定概念によるものは「ステレオタイプ型」といわれる。このほかに、「集団同調性バイアス」（自身の考えや意見との相違に関わらず、周囲の人と同じことをすれば間違いないと思い込み、周囲の人に同調しようとすること）、「権威バイアス」（組織において、職位の高い人の意見を正しいと思い込み、優先すること）、「確証性バイアス」（根拠がないのに良いと思った意見のみを採用して情報収集をすること）などがある。

[33] 内閣府男女共同参画局が取りまとめた、性別による無意識の思い込み（アンコンシャス・バイアス）に関するチェックシート・事例集。

[34] 経団連はUniversity of Creativityと共同で、ＤＥ＆ＩをＩＤＥＡに変えるための意識変容運動「JOINnovator！」を実施。各界の第一線で、ＤＥ＆Ｉの観点を重視し活躍している人たちにインタビューを行い、日常の中にあるアンコンシャス・バイアスに気付き、多様性をイノベーションにつなげていくヒントを探る動画を21回にわたり配信するとともに、動画シリーズを通して得た考察を特設サイトで公開している。（ＤＥ＆Ｉ啓発動画シリーズ「JOINnovator！」）

[35] 電通ダイバーシティ・ラボ「LGBTQ+調査2020」（2021年4月）によると、ＬＧＢＴＱ＋層（セクシュアリティを「出生時に割り当てられた性」（出生性）、「本人が認識する性」（性自認）、「好きになる相手の性」（性的指向）の３つの組み合わせで分類し、ストレート層（異性愛者であり、生まれた時に割り当てられた性と性自認が一致する人）と答えた人以外の人）の割合は8.9％であった。

[36] 2023年6月に成立した「性的指向及びジェンダーアイデンティティの多様性に関する国民の理解の増進に関する法律」（通称：LGBTQ理解増進法）は、性的指向・ジェンダーアイデンティティ（性自認）の多様性に関する施策の推進に向けて、基本理念や、国・地方公共団体・事業主・学校の役割を示している。

[37] LGBTQ当事者から他の人に公にしていない性自認や性的指向に関する告白をされた者が、本人の同意を得ずにその情報を第三者に暴露すること。

（2）インプット（労働投入）の効率化

　インプット（労働投入）を効率化する働き方改革「フェーズⅠ」を推進・継続する重要性が高まっている。業務プロセスの見直し・廃止や業務の自動化・遠隔化などの効率化は、生産性の改善・向上だけでなく、働きやすい職場環境の整備や育児・介護・病気治療等との両立、リカレント教育等による学び・学び直し、過重労働の防止、ボランティアなど社会貢献活動への参加、副業・兼業の促進等によるエンゲージメント向上につながり、働き方改革「フェーズⅡ」にも寄与する。

　一方、人手不足への対応に苦慮している中小企業、製造や建設、運輸、警備、介護、農林・水産などの現場業務の労働時間削減や効率化は容易でない。そうした中であっても、オンラインのコミュニケーションツールを活用した情報共有や、機械操作の自動化による作業時間の削減・業務の平準化、3Dソフトを活用した業務の効率化、遠隔での製造工程の監視、AIでの製品検査、測量・工事の進捗確認におけるドローン活用による業務の効率化、建設現場のバックオフィス業務のリモート化、顧客と連携した物流情報のクラウド化（納品伝票の統一、情報の可視化）など、デジタル技術を活用した施策を実施している企業がある。こうした事例を展開し、取組みをさらに拡げていくことが望まれる。

　実効性を高めるためには、各企業が自社の実態に適った取組みを進める必要がある。例えば、地方別経済団体が主催するセミナーや、中小企業の好事例が掲載されている厚生労働省の特設サイト[38]、働き方改革推進支援センター[39]を活用することが有益である。

---

[38] 厚生労働省「働き方改革特設サイト　中小企業の取り組み事例」等
[39] 働き方改革に向けた、特に中小企業や小規模事業者の課題に対応するためのワンストップ窓口。厚生労働省によって47都道府県に開設されている。

図表 1-4　中小企業における労働時間削減の事例

①デジタル技術の活用・業務プロセスの見直し

ＩＴの新システム導入に向けて、業務を洗い出し、二重業務を削減。工程集約や自動化のため、ロボットや多面パレットマシニング機を新しく導入。
（石川県、製造業、社員数89人）

②デジタル技術の活用・業務量の見直し

独自にＩＴシステムを開発し、伝票・配車、入出金管理などの一元管理を実現。荷物の積み忘れ等が削減したほか、業務効率化も達成。さらに、業務の分散化に向けて、週2回程度、営業所長が各労働者の労働時間の累計を把握し業務量の調整に取り組む。
（滋賀県、運送業、社員数70人）

③デジタル技術の活用

デジタル技術で業務改善を行うチームを組成。生産データ照合システムで材料などを照合・設備制御して稼働率の可視化と改善に取り組んだ。職人のノウハウをＡＩに取り入れ、標準化し、若手でも中堅技術者レベルの業務実施を可能に。
（岐阜県、製造業、社員数188人）

④デジタル技術の活用

Ｗｅｂカメラとリモートカメラシステムを導入し、商談のオンライン化やテレワークを推進。自社開発したシステムで加工不良防止や、1日5〜6000枚の文書のペーパーレス化などを実現。
（大阪府、製造業、社員数285人）

⑤デジタル技術の活用

給与明細を従業員が各自のスマホへネット配信したり、Ｗｅｂ閲覧したりできるシステムを導入。給与明細の印刷、配付作業がいらなくなることで、管理部の業務削減につながると同時に、いつでもデータが確認できるようになり従業員の利便性が向上。
（愛知県、建設業、社員数8人）

出典：①②厚生労働省「働き方・休み方改善ポータルサイト」、③中小企業庁「中小企業・小規模事業者の人材活用事例集」、④⑤厚生労働省「働き方改革特設サイト中小企業の取り組み事例」をもとに経団連事務局にて作成

　また、柔軟な休暇取得を促進する「休み方改革」[40]は、働き方改革「フェーズⅠ」の推進に資するほか、メリハリのある働き方を実現することで社員の生産性の改善・向上にもつながる重要な取組みといえる。

---

[40] 全国知事会が提起する休暇取得のあり方の見直しのこと。祝日など特定日の一斉休暇ではなく、柔軟な取得を狙いとする。全国知事会「休み方改革プロジェクトチーム『休み方改革』に関する先行事例集」には、国民全体の余暇満足度の向上やワーク・ライフ・バランスの充実、観光を始めとしたすべての産業の生産性向上、休み方改革を生かした日本経済の活性化の実現を目的に、①休日設定の柔軟化（個人の祝日の設置、配偶者の転勤への同行や妊活・資格取得・留学にも利用可能な制度等）、②有給休暇の取得促進（年休の早期取得計画の促進、夏季休暇の前後の休暇取得励行、連続7日以上の有給休暇取得制度の導入、休暇型ワーケーションの活用等）、③子供と家族と休める仕組みづくり（夏休み等に親が休暇を取得しやすいよう企業が奨励する等）が掲げられている。

年次有給休暇は労働投入の削減につながる。その取得率は上昇[41]しているものの、中小企業では 50％台[42]であり、さらなる取得推進が課題である。すでに、社員個々人が計画して連続した年次有給休暇を取得できる制度を作るなど、休みやすい職場環境づくりに取り組んでいる中小企業もある[43]。

　加えて、休暇を伴うワーケーションやブレジャー[44]、アニバーサリー休暇など個人単位で休暇を設定・取得できるようにすることで、地域の観光需要が平準化され、サービス産業の生産性の改善やサービスの質の向上が見込まれるなど、わが国経済にプラスの効果が期待される。

　こうした労働時間削減や休暇取得促進に向けては、一企業・一業界だけでは対応し切れない課題が多い。各企業は、取引先等企業の社員に思いを馳せながら、休日・深夜・早朝勤務等が必要となる短納期や不要不急の小ロットでの発注等の商慣行の是正を進め、サプライチェーン全体の働き方改革「フェーズⅠ」に協力していくことが求められる。あわせて、消費者を含めた社会の慣習を変えていくことも重要である。

　建設業や運輸・郵便業は、長時間労働を行う労働者の割合が着実に減少しているものの、他業種より高い傾向にある[45]。2024 年４月から建設業と自動車運転業務に時間外労働時間の上限規制が適用される

---

[41] 厚生労働省「令和５年就労条件総合調査」によると、労働者１人平均年次有給休暇取得率は2015 年以降上昇しており、2022 年は62.1％であった。

[42] 厚生労働省「令和５年就労条件総合調査」によると、2023 年の労働者１人平均年次有給休暇取得率は、1,000 人以上の企業で65.6％、100〜299 人の企業で62.1％、30〜99 人の企業で57.1％であった。

[43] 夏季・年末年始休暇以外に社員が計画して７日間連続の休暇を取得する制度を導入するほか、連休の間の出勤日を有給休暇取得奨励日として社内に周知することや、年次有給休暇の最多取得者を表彰するなどの事例がある。

[44] ビジネスとレジャーを組み合わせた造語。出張行程の前後に休暇を追加するなどして、余暇目的のプライベート旅行を実施すること。

[45] 厚生労働省「令和４年版過労死等防止対策白書」によると、月末１週間の就業時間が60 時間以上の雇用者の割合（週間就業時間40 時間以上の雇用者に占める割合）について、2021 年は非農林業雇用者計で9.0％のところ、建設業で10.5％、運輸・郵便業では19.2％。2022 年は、非農林業雇用者計で8.8％のところ、建設業で10.3％、運輸・郵便業では18.6％となっている。

2024 年問題[46]は、わが国の競争力にも大きな影響を及ぼすことから[47]、一層強力な取組みが不可欠となる。

そのため、各企業は、建設工事に従事する働き手の週休２日確保など建設業の持続可能性に配慮した適切な工期設定に協力するとともに、トラック輸送に関して、発荷主が、計画的な納品による納品回数の削減や、パレット化による荷積・荷卸しの時間短縮、適正な対価を伴わない着時間指定および倉庫荷役等附帯業務の見直しに取り組む必要がある[48]。また、消費者においても、モノが届くことは当たり前ではなく、運輸・郵便業に支えられていることを意識しつつ、例えば宅配便の再配達の削減、サービス・パーキングエリアにおける普通車の駐車マナーの向上（大型車スペースに駐車をしない）などの行動変容を期待したい[49]。

2024 年問題の解決にあたっては、企業が政府の対策[50]に積極的に協力しながら、サプライチェーンや同業他社との連携の輪を広げ、消費者・地方自治体も含めた社会全体で取り組んでいくことが強く求められている。

---

[46] 2019 年４月（中小企業は 2020 年４月）施行の改正労働基準法により、時間外労働の上限規制（月 45 時間・年 360 時間の限度時間）等が罰則付きで規定されたが、自動車運転業務、建設事業、医師、一部製糖業については、５年間適用が猶予されていた。2024 年４月からの適用に向け、人手不足が深刻なこれらの業界において、労働者の処遇改善、採用競争力の強化、ＤＸ推進による生産性の向上等の取組みが求められている。

[47] 国土交通省「持続可能な物流の実現に向けた検討会最終取りまとめ」（2023 年８月）では、物流の労働時間削減に向けた具体的な対応をしなかった場合、2030 年に輸送能力の 34.1％が不足すると指摘されている。

[48] 着荷主においても、取引先との生産計画データを連携して調達物流の効率化等を進めるなどの協力が必要である。なお、厚生労働省「働き方改革推進支援センター」では運送事業者、発着荷主からの各種相談に応じている。

[49] 一部の地方自治体では、再配達の抑制に向けて、宅配ボックスの設置経費の助成などの取組みを進めている。

[50] 政府の「我が国の物流の革新に関する関係閣僚会議」が取りまとめた「物流革新緊急パッケージ」（2023 年 10 月）では、①物流の効率化、②荷主・消費者の行動変容、③商慣行の見直しが対策の柱として掲げられている。このうち、③商慣行の見直しについては、荷待ちや荷役時間の短縮に向け、大手荷主に計画策定や物流経営責任者の選任を義務付ける法制化の推進のほか、トラックＧメンによる荷主・元請事業者の監視体制の強化などが盛り込まれた（2024 年通常国会に関連法案が提出予定）。

２．「円滑な労働移動」の推進による生産性の改善・向上

　産業構造の変革に伴う労働力需給の変化[51]と、人口減少下における労働力問題に対応し、わが国全体の持続的な成長を実現していくには、社内外における円滑な労働移動を推進し、成長産業・分野・企業等のみならず、地方経済の主な担い手である中小企業などにおいて、人材のニーズを量・質ともに満たす労働力を確保することで、社会全体での生産性を改善・向上させることが不可欠である。持続的な成長には、イノベーションの社会実装も重要であることから、政府が重点分野ごとに、イノベーション人材育成戦略の策定・推進を主導する必要がある。その上で、産業界・アカデミアは、各府省庁と協力し、ビジネスの実態を踏まえた人材要件や教育プログラムなどの具体化へ向けて、積極的に参画することが望まれる。

　働き手・企業・政府それぞれが、転職や退職など労働移動に対する意識改革に取り組むとともに、硬直的とされるわが国の労働市場を円滑な労働移動に適したものへと創り上げていく必要がある。その鍵は、リスキリングを含む「リカレント教育」（以下、リカレント教育等[52]）が握っている。人材を企業の「資本」と捉え、その価値を最大限に高めていくことで、中長期的な企業価値の向上につなげていく人的資本

---

[51] 経済産業省「未来人材ビジョン」（2022年5月）では、デジタル化・脱炭素化という大きな構造変化は、人の能力等のうち、「問題発見力」「的確な予測」「革新性」をより強く求めるようになり、その結果、2050年には、現在の産業を構成する職種のバランスが大きく変わるとともに、産業分類別にみた労働需要も3割増から5割増という大きなインパクトで変化する可能性があるとしている。職種別では、「生産工程従事者」「専門的・技術的職業従事者」等において雇用の増加が見込まれるとしている。

[52] 経団連では、リカレント教育を「働き手（求職者を含む）が現在もしくは将来の業務・キャリアのために行う学び直し」、リスキリングを「主に企業が直面する経営課題に対応するスキルアップ・チェンジのための学び直し」と定義し、リカレント教育はリスキリングを含むとしている。

経営[53]の観点からも、リカレント教育等の強化が重要である。

　リカレント教育等の人材育成を含めた「人への投資」は、意欲と能力を有する人材を自社に惹きつける可能性を高めるだけでなく、各企業に対し、既存の事業外の領域における新たな価値の創造・能力発揮を促す契機となり、わが国全体の経済成長にもつながる。

　そこで、①人生100年時代に「働き手個人」がよりよく生きるためのもの、②主に自社の生産性の改善・向上への寄与を目的として「企業」が働き手のスキルアップを図るためのもの、③「政府」を中心に成長産業等への労働移動を通じて日本全体の生産性を改善・向上させるために政策的に行うものに整理し、各主体による取組みを強化していくことが求められている。

（1）働き手の取組み

① 主体的なキャリア形成

　人口減少による労働力不足に加え、健康寿命の延伸[54]や改正高年齢者雇用安定法の施行[55]等により、わが国の職業人生は長期化している。「人生100年時代」といわれる中で、働き手が属する企業・組織を問わず長期にわたって能力を向上・発揮し、グローバルに活躍できる「強い個人」を目指して、働き手が自身の適性・能力・スキルに基づいて主体的にキャリア形成に努めることが望まれる。その上で、社内での異動に加えて、社外への転職、時には起業などを通じて、その実現に取

---

[53] 経営陣が自社の中長期的な成長に資する人材戦略の策定を主導し、実践に移すとともに、その方針を投資家との対話や統合報告書等でステークホルダーに説明することは、持続的な企業価値の向上に欠かせないとの考え方の下、2022年8月に経済産業省および金融庁をオブザーバーとして「人的資本コンソーシアム」が設立された。「人への投資」に積極的な日本企業に世界中から資金が集まり、さらなる成長へつながることが期待されている。

[54] 内閣府「令和5年版高齢社会白書（全体版）」によると、健康寿命とは「日常生活に制限のない期間」であり、2019年は男性が72.68年（2010年比＋2.26年）、女性が75.38年（同＋1.76年）となっている。

[55] 詳細は39頁「（2）高齢者」参照。

り組むことも選択肢になる。働き手自らが「キャリアのオーナー」との認識を持った上で、コンサルタントや上司等との面談など企業による支援策も活用しながら、主体的にキャリアプランを設計することが望まれる。

　また、働き手自身の望むキャリアが社内の事業や職務等を通じて実現し難い場合には、転職等による社外への労働移動も含めて自らのキャリアプランを検討・見直すことも一案である。

② キャリアプラン実現のためのスキルアップ

　円滑な労働移動の推進はもとより、エンゲージメント向上の観点からも、働き手には、労働移動の有無に関わらず、主体的なキャリア形成の実現に向けて、労働市場における自らの価値・能力（エンプロイアビリティ）を継続的に向上させることが望まれる。

　他方、働き手による自主的な学び・学び直しは年齢が上がるに従って低調となっている[56]。働き手には、企業が提供する人材育成施策の活用とともに、率先してリカレント教育等に取り組み、自らが望むキャリア形成の実現に必要なスキルアップ・能力開発に自発的に励むことを期待する。また、学び・学び直しによって習得した知識やスキルを実務に活用することで職務遂行能力（職能）が高まり、さらなる学び・学び直しにつなげる「仕事と学びの好循環」を意識した上で、社内異動や転職などを検討することも一案である。

　加えて、学び・学び直しの成果については、テレワーク等を活用した多様で柔軟な働き方とも合わせて、自らの生産性の改善・向上に役立てていくことも非常に有益である。

---

[56] パーソル総合研究所「働く 10,000 人の就業・成長定点調査」（2022 年 8 月）によると、全国男女 15—69 歳の正社員における学習実施率は「20—24 歳」で 63％、「25—29 歳」で 60％、「30 代」で 58％、「40 代以上」で 52％と、年齢が上昇するほど減少している。

（2）企業の取組み

① 採用時

（a）採用方法の多様化

　企業が人材を採用する主な目的としては、事業の継続・発展や組織の強化（活性化）、人員構成の適正化、コア人材の確保などがある[57]。こうした中、人材獲得競争の激化等によって、採用計画通りに人材を確保できていない企業も多い[58]。イノベーションの創出や生産性の改善・向上には、様々な資質・能力・価値観を有した多様な人材の採用とその活躍推進が不可欠である。また、多様な人材の活躍推進の一環として、高度専門人材の活躍促進の観点から、博士人材の採用[59]や働き手に博士号取得を促す制度の創設も一案となる。企業が多様な人材を採用するにあたっては、自社が求める人材像を積極的に開示しながら、採用方法を多様化することが有益である。これは、円滑な労働移動における「入口の整備」にもなる。

・新卒採用

　近年の新卒採用の方法では、一括採用に加えて、職種別・コース別採用の実施割合が増加している。採用時期については通年採用が2019

---

[57] マイナビ「2024年卒企業新卒採用予定調査」（2023年3月）によると、2024年卒の採用実施理由（回答企業全体）として、「組織の存続と強化（活性化）」（68.6％）「年齢など人員構成の適正化」（58.9％）「将来の幹部候補・コア人材の確保」（43.1％）が上位となっている。また、マイナビ「中途採用状況調査2023年版（2022年実績）」（2023年3月）によると、経験者採用の実施理由として「組織の強化・活性化」（41.3％）、「年齢など人員構成の適正化」（38.5％）、「コア人材の確保」（37.7％）が上位となっている。

[58] リクルート就職みらい研究所「就職白書2023」（2023年2月）によると、2022年12月時点の2023年卒の採用充足率は40.4％で、同調査を開始した2012年卒以降で最低値となっている。またリクルートワークス研究所「中途採用実態調査（2022年実績）」（2023年7月）によると、2022年度下半期の中途採用で必要な人数を「確保できた」と回答した企業は45.8％で、比較可能な2013年度下半期以降で最低値となっている。

[59] ジョブ型研究インターンシップ（博士課程学生を対象とした長期かつ有給のインターンシップ。文部科学省と経団連が共同で推進）や、クロスアポイントメント制度（研究者等が、大学や公的研究機関、企業のうち、2つ以上の機関と雇用契約を結び、一定のエフォート（従事比率）管理の下で、それぞれの機関における役割に応じて研究・開発および教育に従事することを可能とする制度）などを活用して、博士人材との接点を増やすことが考えられる。

年卒（14.7％）から2023年卒（26.7％）で大幅に増えている[60]。通年採用は、留学生・既卒者も含めた様々な若年者と企業が出会う場や学生が就職する機会の創出につながる。主に経験者採用で用いられているが、多様な人材の確保の観点から、新卒採用においても活用していくことが有効といえる。通年採用を実施している企業は、その旨を自社のホームページや募集要項に明記するなど周知を図る必要がある[61]。

　加えて、職務をあらかじめ定めて採用する「ジョブ型採用」、勤務する地域・場所を限定した「地域別採用」、社員から知人や友人などを紹介してもらう「リファラル採用」など、様々な選択肢の中から自社に適した採用方法を実施・拡充することが望まれる。

　なお、近年、いわゆる「オワハラ」（内定等と引き替えに就職活動の取り止めを強要する等、学生の職業選択の自由を妨げる行為）の問題が指摘されている。学生の公平・公正な就職機会確保の観点から、企業は、自社の採用活動において、学生からオワハラとみなされる行為を行っていないかを再点検するとともに、未然防止に向けて、社内での啓発の強化・徹底を図る必要がある。

　また、産学が連携して学生のキャリア形成を支援するとともに、雇用のミスマッチ予防の観点から、就業体験を伴う質の高いインターンシップ[62]を実施することも有益である。

---

[60] リクルート就職みらい研究所「就職白書」（2019～2023年）の調査結果。また、経団連「2023年人事・労務に関するトップ・マネジメント調査結果」によると、新卒の通年採用を「実施している」が36.3％、「実施はしていないが検討している」が20.2％となっている。

[61] 経団連「2023年人事・労務に関するトップ・マネジメント調査結果」によると、通年採用を実施している旨を対外的に公表している媒体（複数回答）は「自社の採用HP」が52.2％、「学生向けの就職情報サイト」が46.2％であるのに対して、「公表していない」が39.8％となっている。

[62] 経団連と大学のトップで構成する「採用と大学教育の未来に関する産学協議会」では、学生のキャリア形成支援活動を4つに類型化（タイプ1：オープン・カンパニー、タイプ2：キャリア教育、タイプ3：汎用的能力・専門活用型インターンシップ、タイプ4：高度専門型インターンシップ）し、産学が連携して推進することで合意した（企業向けリーフレット「産学で変えるこれからのインターンシップ」（2022年11月）参照）。政府の賛同も得て、2023年度から、取得した学生情報を採用活動開始後に限り活用可能なタイプ3のインターンシップがスタートした。今後、これらのキャリア形成支援活動の普及が期待される。

図 表 1-5　　新卒採用の方法の実施割合

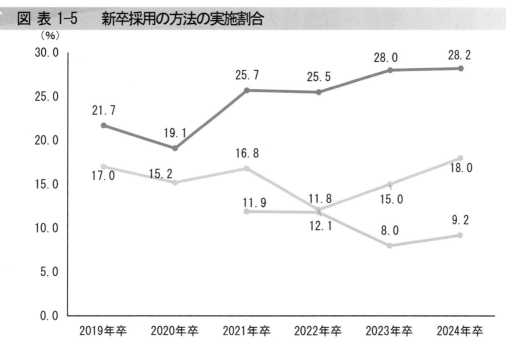

注1：2019年卒から2023年卒の数値は実績、2024年卒の数値は見通し。
注2：職務限定型（ジョブ型）採用は2021年卒から調査項目に追加された。
出典：リクルート就職みらい研究所「就職白書」（2019～2023年）をもとに経団連事務局にて作成

・経験者採用

　人材の不足感について、「量的に感じている」企業が66.4％、「質的に感じている」企業が56.1％となっており、企業規模を問わず人材の量・質ともに課題を抱えている。そこで、人材の量・質の両面に対応すべく、経験者採用のさらなる活用を図っていくことが有効な対応策となる。

　経験者採用にあたっては、通年採用やリファラル採用のほか、元社員を再度雇用するカムバック・アルムナイ採用など、様々な方法によって実施していくことが考えられる。

　なお、新卒以外の採用を一般的に「中途採用」と呼ぶことが多い。しかし、「中途」という言葉にネガティブなイメージがあることや、通年採用の実施企業が増大していることを踏まえ、2023年版経労委報告において、「中途採用」という文言の見直しを呼びかけ、その一例として、「経験者採用」を提示した。「中途採用」の呼称を使用している企

業においては、経験者採用だけでなく、「キャリア採用」「社会人採用」「既卒者採用」など、自社に適した呼称の検討を求めたい。

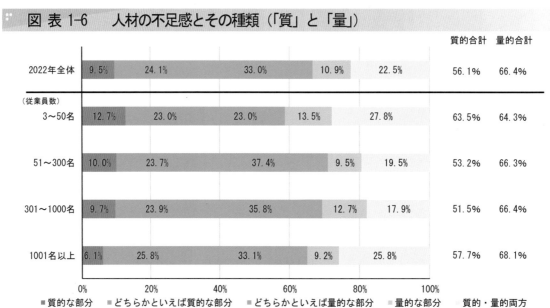

図表 1-6　人材の不足感とその種類（「質」と「量」）

注：正社員の過不足感について「不足していると感じている」と回答した企業における割合。
出典：マイナビ「中途採用状況調査2023年版（2022年実績）」（2023年3月）をもとに経団連事務局にて作成

（b）就職・採用活動日程ルール

　経団連は、秩序ある採用選考活動を企業に求めることを目的として、2013年以降、「採用選考に関する指針」を策定してきた。しかし、2019年度卒業・修了の学生を対象とした指針を最後に、策定しないことを決定した[63]。2020年度以降は、政府が「就職・採用活動日程に関する関係省庁連絡会議」において「就職・採用活動に関する要請」を策定し、経済団体等に要請する枠組みとなっている。

　政府要請の柱である「就職・採用活動日程ルール」（以下、日程ルール）は、学修時間の確保等の観点を踏まえ、①広報活動（会社説明会等）開始が３月１日以降、②採用選考活動（面接・試験）開始が６月１日以降、③正式な内定日が10月１日以降に設定されている。日程ルールは、学生・企業の双方にとって、就職・採用活動の時期に関して

---

[63] 理由としては、採用方法の多様化に加え、採用選考活動のように広く社会全般にかかる一定のルールの策定は、国全体の問題として、政府や大学、経済界など幅広い関係者で議論する必要があることなどが挙げられる。

一定の目安にはなっているものの、近年、就職・採用活動の早期化が進み[64]、形骸化が指摘されている。

　学生の学修時間の確保と企業の採用活動にかかる公正性の観点から、より実態に即した形で、日程ルールの見直しを検討する必要がある[65]。中期的には、学生の就職活動に関する様々なニーズや、企業における採用方法の多様化等の取組みを踏まえ、日程ルールについて、その是非も含めた抜本的な検討が求められている。

② 在職中

（a）リカレント教育等による学び・学び直し促進

　多くの企業は、社員に対するリカレント教育等の必要性を認識し、すでに実施あるいは検討をしている[66]。しかし、働き手による学び・学び直しの実施率は低迷している[67]。

　リカレント教育等における働き手の主体的な取組みを促すためには、経営トップが率先して自社の目指すべきビジョンや方向性、重視すべき価値観などを明示した上で、学び・学び直しの重要性を周知する必要がある。加えて、上司等による継続的かつ適切な動機付け等により、学び・学び直しを奨励する企業風土を醸成することが不可欠である。その上で、コンサルタントや上司等との面談を通じて、キャリアプランの設計・変更やキャリアの棚卸しなどにより、年齢や雇用形態等に

---

[64] リクルート就職未来研究所「就職プロセス調査（2024年卒）「2023年9月1日時点内定状況」」によると、2024年卒業予定の大学生の就職内定率は4月1日時点で48.4%、5月1日時点で65.1%となっている。

[65] 政府は、2024年度卒業・修了予定者を対象とした政府要請において、2025年度卒業・修了以降の学生を対象とした日程ルールの一部見直しを示した。具体的には、現行の日程ルールを原則としたうえで、卒業・修了年度に入る直前の春休み以降に実施するインターンシップを通じて専門性を判断された学生を対象に、3月の広報活動開始以降であれば、6月の採用選考活動開始を待たずに内々定を出すことができるとしている。

[66] 経団連「2023年人事・労務に関するトップ・マネジメント調査結果」によると、リカレント・リスキリング教育の実施状況について、「実施している」企業が63.5%、「実施を検討中」の企業が24.6%であり、合計8割超の企業が、実施または実施を検討中と回答している。

[67] パーソル総合研究所「働く10,000人の就業・成長定点調査」（2022年8月）によると、全国男女15－69歳の正社員における学習実施率は「20－24歳」で63%、「25－59歳」で60%、「30代」で58%、「40代以上」で52%と、年齢が上昇するほど減少している。

かかわらず、働き手の主体的な取組みを支援することが求められる。

　一方、リカレント教育等に対しては「お金がかかる」「どのようなスキルを身に付ければよいかわからない」「プライベートの時間が減る」などの声がある[68]。そこで企業は、研修プログラムや講座等の情報提供にとどまらず、通学費用や外部研修、資格取得にかかる費用の補助[69]、時短勤務制度や選択的週休3日制、企業版サバティカル休暇制度[70]の導入・拡充といった学び・学び直しにかかる経済的支援と時間的配慮が必要である。また、働き手のキャリア形成と習得すべきスキルを把握しやすくするため、自社内の仕事や役割等の要件の明確化とそれを通じたジョブ型雇用の導入・拡大を検討することも一案となる。

（b）社内公募制や副業・兼業等による制度整備

　主体的にキャリアプランを設計し、その実現のためにスキルアップに励む働き手に対し、企業には、異動・配置転換や業務付与により働き手の学び・学び直しの成果を実践する機会を提供することが求められる。習得したスキルを活用して遂行した業務の成果を適切に評価し、自社の人事戦略と働き手本人の意向を踏まえながら、さらなる学び・学び直しにつなげる「仕事と学びの好循環」の実現を図ることが望まれる。そのためには、社内公募制やＦＡ制度など学び・学び直しの成果を発揮できる社内制度の構築・整備が不可欠である。あわせて、新たな仕事を経験することで気付きにつながり、働き手の主体的なキャ

---

[68] マイナビ「リスキリングについての調査」（2023年3月）によると、「リスキリング」に対するイメージ（複数回答）について、ポジティブな要素としては、「仕事や働き方の選択肢が広がる」（49.3％）、「転職しやすくなる／やりたい仕事に挑戦できる」（40.0％）、「達成感を得られる／自信がつく」（29.3％）などの回答が多かった一方、ネガティブな印象としては、「お金がかかる」（24.1％）、「どのようなスキルを身につければよいか分からない」（21.4％）、「プライベートの時間が減る」（18.1％）などの回答が多かった。

[69] 企業による経済的支援のほか、例えば、厚生労働大臣が指定する教育訓練を修了した際に受講費用の一部が支給される雇用保険の教育訓練給付制度といった公的支援の活用を社内に周知することも有益である。

[70] サバティカル（Sabbatical）は、6日間働いた後の7日目の安息日を意味するラテン語の sabbaticus に由来し、一定期間以上の勤続者に与えられる長期休暇を意味する。

リア形成とスキルアップを促す観点からは、スタートアップ企業との連携[71]を含めた副業・兼業や出向等も選択肢となる。成果をあげた働き手に対して、仕事や役割・貢献度に応じて適切に処遇に反映することも重要である。そのために、仕事・役割・貢献度を基軸とした人事・賃金制度への移行を進めていく必要がある。

図 表 1-7　　リカレント教育等の推進に向けた支援制度の実施状況（複数回答）

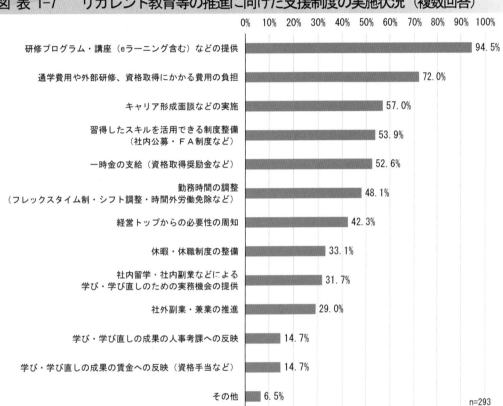

出典：経団連「2023年人事・労務に関するトップ・マネジメント調査結果」

③ 退職時

　転職や退職など社員の労働移動に対して、自社の企業風土がネガティブなものとなっていないか、人事・賃金制度や退職金制度などの諸制度が働き方や職業選択に中立なものとなっているかなどの検証が必

---

[71] 経団連「スタートアップフレンドリースコアリング検討会報告書」（2023年5月）によると、スタートアップ企業に出向できる制度・仕組みがあると回答した企業は56.1％であった。

要である。例えば、退職金制度については、退職所得控除[72]の見直しの動向[73]を踏まえつつ、成果や企業への貢献度等によって退職金額が決定するポイント制[74]や退職金前払い制度[75]などとあわせて、そのあり方を検討することも考えられる。

　また、退職した元社員を再度採用するカムバック採用の整備・拡大や、アルムナイネットワーク[76]の活用などにより、働き手が安心して新たなキャリアにチャレンジできる環境を整備することは、労働移動を前向きに捉える企業風土の醸成と意識改革に有効な取組みといえる。

　各企業において、上記①から③の取組みを含め、メンバーシップ型雇用の持つメリット[77]を活かしながら、ジョブ型雇用の導入・拡充を検討し、最適な「自社型雇用システム」を確立することが肝要である。

---

[72] 税制では、退職所得控除において、勤続20年超から勤続年数1年ごとの控除額が増加（40万円から70万円）することが、同一企業に長期勤続するインセンティブとされる一方、転職等を検討する働き手の選択を制約している一因（特に勤続20年前後）との指摘もある。

[73] 経団連「令和6年度税制改正に関する提言-持続的な成長と分配の実現に向けて-」（2023年9月）では、制度変更による個々人のライフプランへの影響や、雇用慣行への影響等に十分留意しながら、退職所得控除の見直しを行うよう求めている。

[74] 在職期間中の社員の成果や貢献度、功績を毎年ポイントに置き換えて付与し、退職時の累積ポイント数に単価を乗じて退職金額を算定するもの。年功的な要素を減らせるほか、企業への貢献度次第で退職金が大幅に増額することから、転職してきた社員や勤続年数の短い社員が不利になりにくいなどのメリットがある。

[75] 退職金を廃止または選択制として、退職金相当額を給与や賞与などに上乗せするもの。転職や早期退職による退職金算定の不利益が生じないなどのメリットがある一方、退職時にまとまった金額が受け取れず、その後の生活資金の不安や退職所得控除による優遇税制が受けられないなどのデメリットが指摘されている。

[76] アルムナイ（Alumni）とは、学校の卒業生や同窓生を指し、アルムナイネットワークはその集まりを意味する。人事関連領域においては、企業の退職者による集まりを指す。退職者が自らの意思で、プロフィールや保有スキルなどを企業のタレントマネジメントシステム等に登録し、企業に対して情報提供を行うとともに、企業側からも退職者に対して採用に関する情報等を提供することで、互恵関係にあることが特徴。

[77] メンバーシップ型雇用のメリットとして、計画的で安定的な採用の実施、国際的に低い若年者の失業率への寄与、社員の高い定着率とロイヤリティの実現、人事異動を通じた自社に適した人材の育成と事業活動の多面的な理解促進などが挙げられる。詳細は72頁 TOPICS「日本型雇用システム（メンバーシップ型雇用）に関する考察」参照。

（3）政府・地方自治体等の取組み

① 雇用のマッチング機能の強化

　産業構造の変化と働き手の多様化に伴い、求人者側（企業）が求める人材像が複雑化・専門化している。一方、求職者側（働き手）の知識や経験、能力、キャリアプランは個々人で異なる。こうしたことを踏まえ、企業と働き手とのミスマッチを最小化することが非常に重要となっている。わが国全体の生産性の改善・向上という観点からは、大企業だけでなく、中小企業・地域に根差す企業の人材ニーズを、量・質の両面から満たす必要がある。そこで、政府と民間の人材ビジネス事業者には、相互補完的に雇用のマッチング機能の強化が求められている。

　政府の取組みの柱は、公共職業安定所（ハローワーク）の継続的な機能強化である。全国ネットワークを活かして、地方自治体とともに地域の課題に取り組みながら、各地域で得た好事例を横展開することが望まれる[78]。また、成長分野の人材ニーズの把握、公的職業訓練の実績や訓練効果の検証、キャリアコンサルティング機能の強化など、職業能力の開発・向上に資する取組みを関係者間で適切に共有し[79]、活用する必要がある。さらに、対面とオンラインのベストミックスによるサービス提供など、利用者の利便性の視点に立った施策の実施[80]が考えられる。

---

[78] 国（労働局・ハローワーク）は、272（47都道府県、203市、21町、1村）の地方自治体との間で雇用対策に共に取り組み、地域の課題に対応することを目的とする「雇用対策協定」を締結（2023年9月1日時点）。

[79] 国および都道府県は2022年10月1日以降、地域の実情に応じた職業能力の開発および向上の促進のための取組みが適切かつ効果的に実施されるようにするため、地域の関係機関等を構成員とする協議会を設置している。

[80] 予約制・担当者制として、働き手個々人のニーズに合わせたきめ細かい支援などが考えられる。

全国の公共職業能力開発施設（ポリテクセンター等）[81]では、「生産性向上人材育成支援センター」を設置し、中小企業等の事業展開にかかる課題に応じて、人材育成プランの提案や職業訓練の実施などを通じた在職者の能力開発を支援している。人手不足が特に深刻な中小企業において、こうした公的支援の活用は有益といえる。

　加えて、産業雇用安定センター[82]においては、雇用調整型の出向支援だけでなく、キャリア・ステップアップ型出向や人材育成・交流型の出向支援を充実させるなど、事業の重点化が重要である。

　また、大企業等のプロフェッショナル人材と地方に根ざした企業を結びつける施策[83]や、都市部の働き手が地方企業で副業・兼業するなど様々な取組みが進んでいる。実際に、都市部から副業・兼業を活用して専門人材を受け入れ、開発等で成功した地方企業がある[84]。こうした中、官民の人材が有する専門性を活用する観点から、官民交流人事を双方向で実現していくことが望まれる。

　近年のデジタル技術の進展を背景に、民間人材ビジネス事業者は、従来型の有料職業紹介や求人メディアのみならず、求職者の人材データベースの整備を通じたマッチングなど、多様なサービスを提供して

---

[81] 高齢・障害・求職者雇用支援機構（JEED）が運営する職業能力開発促進センター（ポリテクセンター）は、中小企業等で働く在職者を対象とした職業訓練・人材育成等の支援を行っている。職業能力開発大学校・職業能力開発短期大学校（ポリテクカレッジ）は、高校卒業者等を対象に、企業の製造現場において必要となる最新の技能・技術に対応できる人材の養成を行っている。

[82] プラザ合意に伴う円高不況の進行により雇用不安が高まる中、当時の労働省、日経連、産業団体などが協力して、「失業なき労働移動」を支援する専門機関として1987年に設立。本部と全国47都道府県の地方事務所の全国的なネットワークにより、再就職・出向の成立に結び付ける「人材橋渡し」の業務を展開している。

[83] 内閣府は、各道府県にプロフェッショナル人材戦略拠点を設置し、地域の関係機関等と連携しながら、地域企業の「攻めの経営」への転身を後押しするとともに、それを実践していくプロフェッショナル人材の活用について、経営者の意欲を喚起し、民間人材ビジネス事業者等を通じてマッチングの実現をサポートする「プロフェッショナル人材戦略」を展開している。

[84] 例えば、秋田県の印刷機メーカーではAI機能を搭載した印刷機の開発に、鳥取県でサービス業を営む企業では新たに化粧品の開発にそれぞれ成功した。詳細は経団連「2024年版春季労使交渉・労使協議の手引き」（企業事例「副業・兼業人材の受入れ」）参照。

いる[85]。求職者が、自身の希望やキャリアプラン等に応じてサービスを適切に使い分けることは、マッチング機能の強化にもつながる。今後は、求職者・求人者双方に有益なサービスの開発・拡充とともに、デジタル技術等を活用した新たなビジネスモデルの増大を踏まえた、現行の規制の再点検・アップデートが必要である。

　加えて、官民による連携強化の観点からは、求人・求職に関する基礎的情報を加工・集約して官民で共有[86]した上で、定期的に更新して労働市場の基盤を整備することも有益である。さらに、キャリアコンサルタントがこうした情報を活用して働き手のキャリアアップを支援[87]することは、マッチング機能の強化にも資するといえる。

図表 1-8　人材マッチングに関する国と民間事業者による取組み

		国による人材マッチング	民間事業者による人材マッチング	
職業紹介	ハローワーク	・国が運営する総合的雇用サービス機関（全国544か所） ・職業紹介（求職・求人の申込を受け付け雇用関係の成立をあっせん） ・職業相談や求人開拓、職業訓練の受講あっせん等を実施 求人数：1,053万人	有料職業紹介事業	・民間事業者により行われる職業紹介（求職・求人の申込を受け付け雇用関係成立をあっせん）。 ・有料職業紹介事業（許可制）と無料職業紹介事業（学校等が学生生徒等を対象にして行うもの等（届出制）を除き許可制）に大別。 求人数：1,030万人
その他の制度等	企業版ふるさと納税（内閣官房、内閣府） プロフェッショナル人材事業（内閣官房、内閣府） 地域企業経営人材マッチング促進事業（金融庁）	地方創生人材支援事業（内閣官房、内閣府） 地域活性化企業人（総務省）	募集情報等提供事業	・求人サイトや求人情報誌などにより求人者・求職者の情報を提供する事業（原則、手続きは不要。求職者の情報を収集する場合（特定募集情報等提供事業者）は届出制）。雇用関係成立のあっせんは行わず、求人者・求職者等をつなぐ情報を提供。 ・求人件数：1,571万件

注：ハローワークの求人数は2022年度の新規求人数（パートタイムを含む一般）の各月合計。職業紹介事業の求人数は2021年度の常用求人数、募集情報等提供事業の求人件数は2022年度各月の職種別掲載件数の合計を示す。

出典：厚生労働省「職業安定業務統計」「職業紹介事業報告書」、全国求人情報協会「求人広告掲載件数等集計結果」をもとに経団連事務局にて作成

---

[85] 2022年の職業安定法改正により、インターネット上の公開情報等から収集（クローリング）した求人情報・求職者情報を提供するサービス等を行う事業者も「募集情報等提供事業者」に位置付けられ、求職者に関する情報を収集する「特定募集情報等提供事業者」については届出が義務付けられた（届出数789件（2023年3月10日時点））。

[86] 「新しい資本主義の推進についての重点事項」（2023年9月27日）では、職種別・エリア別に、賃金相場の前年との比較や求人数等について、官民の求職・求人情報の共有化を2023年度内に実施するとしている。

[87] 厚生労働省は2024年度から、ハローワークに「リ・スキリング支援コーナー（仮称）」を設置し、キャリアアップに関する相談支援を強化する予定。

② 「労働移動推進型」セーフティーネットへの移行

　わが国のセーフティーネットは、雇用保険制度をはじめ重層的に張り巡らされている[88]。コロナ禍においても、雇用調整助成金（雇調金）等の大幅な活用によって雇用情勢の急激な悪化を回避するなど、有効に機能した。他方、現行の「雇用維持型」のセーフティーネットが、本来生じるはずであった労働移動を阻害したという指摘もある。

　新型コロナウイルス感染症の法的な位置付けが変更され、コロナ禍における特例措置が適宜廃止されていることを踏まえ、今後は、離職者（求職者）のみならず、在職者や転職希望者が経済的に安定した状況で、安心して能力開発やスキルアップに取り組める環境を整備・拡充するなど、失業予防機能は維持しつつ、「労働移動推進型」のセーフティーネットへと移行していく必要がある。

　政府は「三位一体の労働市場改革」[89]の柱の1つに「リ・スキリングによる能力向上支援」を掲げ、在職者の学び直しへの直接的な支援の強化として「教育訓練給付」の拡充を示した[90]。それを受けて、今般の雇用保険制度の見直しにおいて、労使折半の保険料で負担している教育訓練給付に対し、その一部に一般財源が投入されることとなった[91]。

　また、労働移動に対して中立的なセーフティーネット整備という観点からの見直しも必要である。現行の雇用保険制度では、自己都合離

---

[88] 雇用保険制度のほか、雇用保険被保険者以外の者を主な対象とした「求職者支援制度」、健康で文化的な最低限度の生活を営むことができない者に対する「生活保護制度」などがある。

[89] 「経済財政運営と改革の基本方針2023」（2023年6月）で「リ・スキリングによる能力向上支援」「個々の企業の実態に応じた職務給の導入」「成長分野への労働移動の円滑化」の3つを柱とする改革の方向性が示された。

[90] 「経済財政運営と改革の基本方針2023」（2023年6月）。その他の支援として、教育訓練中の生活を支えるための給付や融資制度の創設を挙げている。

[91] 労働政策審議会「雇用保険部会報告」（2024年1月）には、教育訓練を受けるための休暇を取得した場合に賃金の一定割合を支給する「教育訓練休暇給付金（仮称）」（国庫負担割合1/40または1/4）と、雇用保険の被保険者以外の者を対象に訓練費用や生活費を対象とする融資制度（国庫負担割合1/2、当面の間その55/100）の創設が盛り込まれた。次期通常国会に提出される改正法案の可決、成立後、いずれも2025年度中に施行される見込み。

職と会社都合離職とで給付制限期間[92]に差が設けられている。一定の要件[93]を設けた上で、自己都合と会社都合の差を縮める方向で制度を見直すことは、労働移動の推進にも有益といえる。

　労働者の立場からの法整備も重要である。政府が検討している「解雇無効時の金銭救済制度」[94]では、労働契約解消金の上下限の設定が想定されており、紛争解決に向けた予見可能性が高まるとともに、あっせんなど他の紛争処理制度での解決金額の目安となることが考えられる。労働者保護の観点から、同制度の創設[95]の検討を急ぐべきである。

③ その他の制度整備

　円滑な労働移動の推進に向けて、政府には、雇用のマッチング機能の強化、「労働移動推進型」セーフティーネットへの移行に加え、働き方や職業選択に中立的な制度整備を求める。具体的には、退職所得控除[96]などの税制や社会保障制度[97]における検討・見直しが不可欠である。

　新たな成長産業等を創出する次世代の人材を確保する観点からは、産学官連携による人材育成の推進が重要である。初等・中等・高等教育において、多様で柔軟な発想力や自身のキャリアプランの設計に早い段階から取り組む主体性、自ら事業を始めようとする起業家精神などを育むプログラム・カリキュラムへと変革すべきである。

---

[92] 求職者給付（基本手当）は、正当な理由のない自己都合離職の場合には待機期間（7日間）満了の翌日から2ヵ月間（5年以内に2回を超える場合は3ヵ月間）の給付制限がある（会社都合での離職の場合は待機期間のみ）。

[93] 労働政策審議会「雇用保険部会報告」（2024年1月）では、給付制限期間を現行の2ヵ月から1ヵ月へ短縮するほか、離職中や離職日前1年以内に自ら雇用の安定や就職の促進に資する教育訓練を行った場合には給付制限を解除するとされた。いずれも2025年度から見直し予定（後者については改正法案の可決、成立が前提）。

[94] 無効な解雇がなされた場合に、労働者の請求によって使用者が一定の金銭（労働契約解消金）を支払い、当該支払によって労働契約が終了する仕組みのこと。

[95] 「解雇無効時の金銭救済制度に係る法技術的論点に関する検討会」が2022年4月に報告書を取りまとめたのち、労働政策審議会で議論されたが、制度導入の是非について労使の意見の隔たりが大きく、解雇や紛争の実態など議論に資するデータも不十分であり、引き続き検討とされた。現在、厚生労働省において実態調査が行われている。

[96] 退職金制度がある企業において、退職時に社員が受け取る退職金にかかる税金を控除する制度のこと。控除額は、勤続年数20年以下は勤続年数1年ごとに40万円、勤続年数20年超は同70万円となっている。

[97] 詳細は63頁TOPICS「就業調整（年収の壁）に関する動向」参照。

３．人口減少下における労働力問題への対応

　急速な人口減少と少子化が進むわが国において、地方の中小企業を中心に、労働力の確保が困難な状況となっている[98]。特に、医療や福祉（介護・育児）、インフラ（交通・生活・エネルギー）、小売サービス、製造、農林・水産など、経済・社会機能の維持・確保に不可欠な業種の現場を支えるエッセンシャルワーカーや、2024年問題に直面する運輸・物流業、建設業に従事する運転手や現場作業員等における労働力不足が顕著であり、これらの対応が急務である。

　労働力問題は、女性や若年者、高齢者、障害者[99]、有期雇用等労働者など多様な人材の活躍推進を通じた労働参加率の上昇等による「量」の確保とともに、リカレント教育等による働き手の能力開発・スキルアップ、知識・経験や技能・技術の継承、デジタル化の推進などによる「質」の向上が不可欠である。特に、女性と高齢者、有期雇用等労働者のさらなる活躍推進が、「量」と「質」両面における対応の鍵となる。加えて、外国人材の受入れ拡大とその環境整備も必須といえる。

　また、各企業には、事業活動の主体として、国内外における自社およびグループ会社、サプライチェーン全体にかかる人権を尊重した経営・行動が求められている。

（１）女性

① 女性の就業状況・動向と課題

　企業は、出産・育児期においても就労を継続できる多様な働き方の選択肢を充実させてきた。この結果、女性の就業率が出産期に下がっ

---

[98] 詳細は81頁TOPICS「労働力問題の現状」参照。
[99] 詳細は60頁TOPICS「障害者雇用の現状と今後の動向」参照。

て育児が落ち着いた時期に再び上昇する、いわゆる「M字カーブ」は解消されつつあり、女性の労働参加率はG7諸国でトップクラスの水準[100]にある。一方、女性の正規雇用率は20代後半をピークに低下する「L字カーブ」となっており、いったん離職すると正規雇用者として復職できていない実情がある。

　こうした事情を背景に、管理職に占める女性の割合は、部長相当職で8.0%、課長相当職で11.6%にとどまっている[101]。

　2022年7月8日から、常用雇用者301人以上の事業主には、男女の賃金格差の公表が義務付けられている[102]。女性の活躍を一層推進し、男女の賃金格差を解消するためには、①出産・育児・介護などのライフイベントに応じて柔軟な働き方を選択することで就労を継続できる環境づくり、②自身の健康等によりやむなく離職した人材が正規雇用で復職できる環境づくり、③働き手のキャリアパスの形成を支援し管理職や役員へ登用する人材を計画的に育成する「タレント・パイプライン」の強化、④賃金水準の高い技能職・技術職における女性人材の確保・育成といった取組みが重要である。

　なお、配偶者のいる女性の有期雇用等労働者の活躍を阻害する要因として指摘されている「就業調整（年収の壁）」については、抜本的な見直しも含めて検討する方針が示されており、その動向に留意する必要がある[103]。

---

[100] 労働政策研究・研修機構「データブック国際労働比較2023」によると、15〜64歳の女性の労働参加率（2021年）は、日本の73.3%に対し、アメリカは68.2%、カナダは75.6%、イギリスは74.7%、ドイツは74.6%、フランスは70.0%、イタリアは55.4%となっている。

[101] 厚生労働省「令和4年度雇用均等基本調査」（2023年7月）。労働政策研究・研修機構「データブック国際労働比較2023」によると、管理職に占める女性の割合（2021年）は、日本の13.2%に対し、アメリカは41.4%、イギリスは36.5%、ドイツは29.2%、フランスは37.8%、イタリアは28.6%となっている。

[102] 厚生労働省「令和4年賃金構造基本統計調査」（2023年3月）によると、一般労働者（常用労働者のうち短時間労働者以外の者）の所定内給与額（2022年）は、女性が25万8,900円、男性が34万2,000円で、男女間の賃金格差（男性を100としたときの女性の所定内給与額）は75.7であった。

[103] 詳細は63頁TOPICS「就業調整（年収の壁）に関する動向」参照。

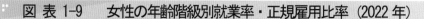

図表 1-9　女性の年齢階級別就業率・正規雇用比率 (2022 年)

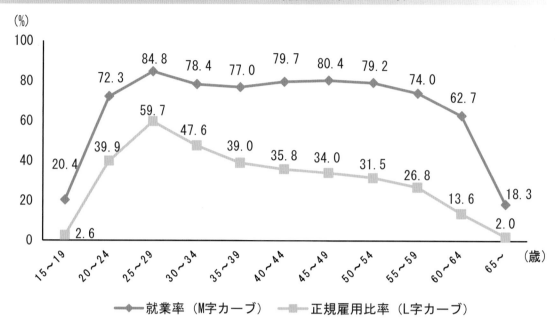

凡例: 就業率（M字カーブ）　正規雇用比率（L字カーブ）

注：就業率は「就業者」/15歳以上人口×100。正規雇用比率は、「正規の職員・従業員」/「15歳以上人口」×100。
出典：総務省「労働力調査（基本集計）」をもとに経団連事務局にて作成

② 働き続けられる環境の整備

　出産後に多くの女性が有期雇用等で復職する背景には、家事・育児等の負担が女性に偏重しているため、仕事と両立しやすい働き方を選択している可能性がある。まずは、女性に偏っている家事・育児の負担を軽減すべく、アンコンシャス・バイアス（無意識の思い込み）を払拭するための研修の実施や、男性による長期の育児休業取得[104]の促進などが求められる。家庭とキャリアの調和を図るためには、性別を問わず、時間外労働の削減や柔軟な就労時間の設定、テレワークの活

---

[104] 厚生労働省「雇用均等基本調査結果」によれば、2020年10月1日から2021年9月30日までの1年間に配偶者が出産した男性のうち、2022年10月1日までに育児休業を開始した者の割合は17.13%であった。また、2020年4月1日から2021年3月31日までの1年間に育児休業を終了して復職した男性の育児休業期間は「5日～2週間未満」が26.5%で最も高く、以下「5日未満」が25.0%、「1ヵ月～3ヵ月未満」が24.5%、「2週間～1ヵ月未満」が13.2%と続いており、1ヵ月未満が全体の6割超を占める（64.7%）。

用、家事育児支援サービスの利用促進[105]なども必要である[106]。

　また、職場の生産性を改善・向上させるためには、女性特有の健康課題[107]を認識しながら、性別にかかわらず、働き手一人ひとりが健康でエンゲージメント高く働くことのできる職場であることが重要である。長きにわたって働き続けられる職場環境の整備に向け、経営トップ自らが社内外に明確な方針を発信するとともに、具体的な施策を着実に実行していく必要がある[108]。

　出産や子育て、介護等の理由で休職した社員に対しては、適切なトレーニングやスキル向上の支援、能力・スキルが発揮できる場の提供など、キャリア形成のサポートが重要である。加えて、健康アプリなどフェムテック[109]の活用や相談体制の整備[110]など、働き手の病気・けがの予防と健康の増進に向けて積極的に支援を進めるべきである。

　なお、育児や介護を理由に社員が休業した場合、当該社員と共に働いている周囲の社員への配慮が大きな課題となる。例えば、代替要員の確保[111]や業務標準化による属人化の解消、多能工化の推進、業務の自動化のほか、休業する社員のサポートに周囲の社員が前向きに取り

---

[105] 2021年度税制改正で、保育を主とする国や地方公共団体からの当該費用の助成等について、所得税・個人住民税を非課税とする措置が講じられた。具体的には、ベビーシッターの利用料に関する助成、認可外保育施設等の利用料に対する助成、一時預かり、病児保育などの子どもを預ける事業の利用料に対する助成等が対象。

[106] 経団連「仕事と育児との両立支援事例集-男性の家事・育児の促進に向けて-」（2023年12月）では、地域の中小企業における事例を含め、男性が育児休業を取得しやすい組織風土の醸成・制度づくりや、休業者の周囲にいる社員に対する支援策、柔軟な働き方等の取組みを紹介している。

[107] 月経困難症や更年期症状、不妊治療など女性特有の健康課題はキャリア形成や労働生産性を阻害する場合もあるとされる。月経随伴症状による労働損失は約4,900億円にのぼるとの試算もある（経済産業省「働き方、暮らし方の変化のあり方が将来の日本に与える効果と課題に関する調査報告書」（2019年））。

[108] 経団連「2024年版春季労使交渉・労使協議の手引き」（企業事例「女性活躍推進に向けた取組み」）参照。

[109] Female（女性）とTechnology（技術）をかけ合わせた造語。一般に女性の健康課題をテクノロジーで解決する製品やサービスのことを指す。

[110] 経済産業省では、フェムテックを活用したサポートサービスを届ける実証事業を展開しており、その成果をウェブサイトで紹介している。

[111] 政府は、企業が育児休業や育児短時間勤務期間中の体制整備のために、業務を代替する周囲の労働者への手当の支給あるいは代替要員の新規雇用（派遣含む）を行った場合の助成金（両立支援等助成金）を拡充する。具体的には、育休中の手当支給に対しては最大125万円（育児短時間勤務中の手当支給は最大110万円）、育休中の新規雇用に対しては最大67.5万円を助成する。

組めるようインセンティブ施策等の支援策を講じることが肝要である。

③ 人材育成の強化

働き手のエンゲージメント向上や継続的なイノベーション創出、働きやすい職場環境の整備を推進するために、経営層の女性を増やすことが肝要である[112]。上場企業の女性役員数は、2013年から2023年の10年間で6.2倍に増えているが、その割合は10.6%[113]と、諸外国と比較すると低い水準にとどまっている。今後、役員となる女性を増やしていくためには、その候補となり得る部長層、課長層を育成するタレント・パイプラインの強化が不可欠である。

女性の各キャリアステージにおける育成の課題は、業種・業態で異なるものの、「同性のロールモデルがいない」「仕事と家庭の両立が困難になる」など、共通している部分もある。経団連では、各キャリアステージにおいて課題に直面した職場が、より効果的な対策を講じることができるよう、各種セミナーを実施している[114]。加えて、女性がキャリア形成をしていく上で障壁となり得るアンコンシャス・バイアスについても対策が必要である。

また、イノベーション創出には理工系女性の活躍は欠かせない中、多くの企業が「技能職や技術職の女性不足」を課題としている。わが

---

[112] 経団連は「。新成長戦略」（2020年11月）において、「2030年に女性役員比率30％以上を目指す」との目標を掲げ、その達成に向けたアクションとして、2021年3月から「2030年30％へのチャレンジ #Here We Go 203030」と題するキャンペーンを開始した。具体的には、経営トップに対し、①D＆Iを経営戦略に位置付けること、②取締役会において多様な視点を重視した業務執行やガバナンスを行うこと、③個々人のキャリアステージに応じたサポートを行うこと、④組織風土改革によりあらゆる社員のパフォーマンスの最大化を目指すことの取組みへの賛同を呼びかけている（賛同表明224社（2023年11月時点））。
[113] 東洋経済新報社「役員四季報」調べ（2023年7月末時点）
[114] 例えば、女性役員向けの「リーダーシップ・メンター・プログラム」、管理職・ダイバーシティ担当者向けの「ダイバーシティマネジメントセミナー」（内閣府と共催）、管理職を目指す若手女性向けの「経団連女性チャレンジ講座」（経団連事業サービスと共催）などがある。あわせて、自前でプログラムを準備するのが難しい企業に対する階層別のセミナー・人材育成プログラムを提供している。

国は世界的に男女とも数学系・理科系科目の成績がよい[115]にもかかわらず、ＯＥＣＤ加盟国のうちＳＴＥＭ(理系)領域を専攻する女性の割合が最も低く[116]、女性の技能職や技術職の採用難につながっている[117]。

　女性の理工系人材が不足している背景には、家族など周囲の固定観念や偏見などによって幼少期からの経験や環境が無意識に職業選択の幅を狭めていることも挙げられる。理工系分野に興味を持ち、将来の進学やキャリア選択する女性を増やすには、幼少期から本人がフラットな状態で関心事を見つけることができる環境が望ましい。企業は、小中学生向けの実験教室や高校生向けの理工系職場見学・仕事体験「夏のリコチャレ」[118]等を活用し、職業選択の幅の拡大を支援し、理工系女性人材の確保・育成に取り組む必要がある。

　さらに、「リコチャレ」にとどまらず、自治体や学校と協力し、中小企業を含む地元企業が女子生徒等を継続的に受け入れ、ロールモデル女性との交流や実践型の学びの場を提供することで、女性の活躍推進とともに、受入れ企業の認知度向上につなげていくことが望まれる。

（２）高齢者

① 現状

　わが国の65歳以上人口は3,624万人（2022年）で、総人口（1億2,495万人）に占める割合（高齢化率）は29.0％となるなど、高齢化

---

[115] 15歳を対象にした国際的な学習到達度調査であるＯＥＣＤ「Programme for International Student Assessment」（ＰＩＳＡ）の2018年調査によると、日本の女子の科学的リテラシー、数学的リテラシーの平均得点はそれぞれ528点、522点、日本の男子の科学的リテラシー、数学リテラシーの平均得点はそれぞれ531点、532点と、ＯＥＣＤ（37ヵ国）平均（科学的リテラシー489点、数学的リテラシー489点）を大きく上回っている。

[116] OECD iLibrary「Education at a Glance 2023」

[117] 東京工業大学では、2024年4月入学の学士課程入試から、総合型選抜および学校推薦型選抜において女性を対象とした「女子枠」を導入する。学士課程1学年の募集人員の14％に相当し、女子学生比率の向上を目指している。

[118] 経団連は、理工系女性人材育成のための女子中高生向けの「夏のリコチャレ」（内閣府・文部科学省と共催）を開催している。

が進行している[119]。65歳以上人口に占める就業者の割合も25.2%（2022年）と国際的に高い水準にある。年齢階級別では、65〜69歳で50.8%、70〜74歳で33.5%といずれも過去最高を更新[120]しており、高齢者の勤労意欲は旺盛といえる。

こうした中、企業における高齢者雇用の実施状況は、高年齢者雇用安定法（高齢法）の「65歳までの雇用確保措置」が99.9%（規模計）、「70歳までの就業確保措置」が29.7%（同）となっている[121]。

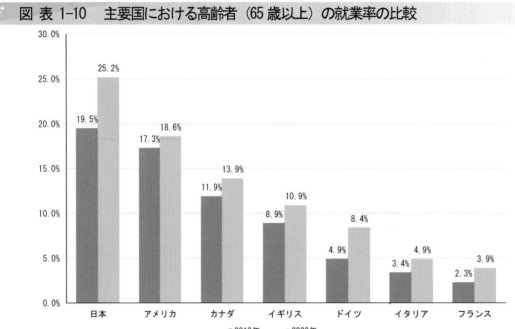

図表 1-10　主要国における高齢者（65歳以上）の就業率の比較

注：日本の値は総務省「労働力調査」、他国の値はOECD. Statより。
出典：総務省統計局「統計からみた我が国の高齢者」（2023年9月）をもとに経団連事務局にて作成

② 課題と対応

労働力不足への対応だけでなく、多様な人材の活躍推進の観点からも、企業は、高齢社員のエンゲージメント向上を通じてパフォーマンスを高め、生産性を改善・向上させる必要がある。しかし、高齢者雇

---

[119] 内閣府「令和5年版高齢社会白書（全体版）」（2023年6月）。65歳以上人口は、1950年には総人口の5%未満だったが、1985年（10.3%）に10%、2005年（20.2%）に20%を超えるなど、高齢化率は上昇を続けている。

[120] 総務省統計局「統計からみた我が国の高齢者」（2023年9月）。年齢階級別の就業率は、各年齢階級の人口に占める就業者の割合を指す。65〜69歳は比較可能な1968年以降、70〜74歳は比較可能な1978年以降で過去最高となっている。

[121] 厚生労働省「令和5年高齢者雇用状況等報告」（2023年12月）

用やその活躍推進に関しては様々な課題が指摘されている。

　まず「職務・役割」と「賃金水準」が挙げられる。多くの企業が導入している継続雇用制度[122]では、定年前と同じ職務またはその範囲や役割を縮小するケースが大半を占めている[123]。一方、それに対する賃金は、雇用保険の高年齢雇用継続給付[124]を受給するため等の理由により、定年前より低い水準となっている場合が多い[125]。その結果、高齢社員のエンゲージメントやパフォーマンスが低下している可能性がある。

　そこで、賃金カーブ全体の再設計を見据えながら、仕事・役割・貢献度を基軸とした賃金制度への移行を進めるとともに、同一労働同一賃金（均等・均衡待遇）の観点も踏まえ、高齢社員が担っている仕事等と整合性の取れた賃金水準を設定することが望まれる。

　また、高齢社員に対する「マネジメント」の問題もある。加齢に伴う健康状態の変化や家族の介護など、高齢社員における個人差は拡大傾向にある。短時間勤務や時間単位年休など個別事情に対応しやすい柔軟な諸制度の導入・拡充や、上長のマネジメント力向上に資するセミナー・研修の実施などの対応が考えられる。そのほか、高齢社員の能力開発・スキルアップ支援や、労働災害の未然防止に向けた安全衛生対策[126]なども必要である。

　高齢者の活躍の場を拡大する観点からは、高齢社員が有する能力や

---

[122] 厚生労働省「令和5年高齢者雇用状況等報告」（2023年12月）によると、「65歳までの雇用確保措置」「70歳までの就業確保措置」の実施措置の内訳として、定年後も引き続き雇用する「継続雇用制度の導入」がいずれも最も多い（69.2％、79.1％）。

[123] 経団連「2023年人事・労務に関するトップ・マネジメント調査結果」によると、59歳時の職務内容と「同じ職務（役割や範囲等の変更なし）」が24.0％、「同じ職務（役割や範囲等を縮小」が62.5％となっている。

[124] 60歳以上65歳未満の雇用保険被保険者の賃金が、60歳時点と比較して75％未満となった場合に支給される給付。2025年4月から、高年齢雇用継続給付の給付率が現行の15％（最大）から10％（同）に縮小される。

[125] 経団連「2023年人事・労務に関するトップ・マネジメント調査結果」によると、59歳時の基本給から「水準は下げる」との回答が82.2％に上っている。

[126] 厚生労働省「令和4年労働災害発生状況」によれば、労働災害による休業4日以上の全死傷者数13万2,355人のうち、60歳以上は3万7,988人と約3割を占める。また、60代以上男性の墜落・転落災害発生率は20代男性の約3倍、60代以上女性の転倒災害発生率は20代女性の約15倍に上る。

スキル、知識、技術・技能などを同じ企業に留めることなく、社会全体で活用することも重要である。企業においては、雇用によらない措置（創業支援等措置）のうち、業務委託の活用を検討することも一案である。政府には、そうした先行事例の収集とその周知、就労や社会貢献を希望する高齢者と企業・ＮＰＯ法人等とのマッチング支援策[127]の周知と機能強化を求めたい。

（3）有期雇用等労働者

わが国における有期雇用労働者やパートタイム労働者（以下、有期雇用等労働者）の数は2,101万人（2022年）で、雇用者数全体の4割近く（36.9％）を占めている[128]。現在の雇用形態を選んだ主な理由をみると[129]、多くの働き手が希望して有期雇用等を選択している。一方、不本意な形で有期雇用等として働いている労働者（以下、不本意有期雇用等労働者）は約210万人（有期雇用等労働者の10.3％）で、年々減少している[130]。しかし、正社員や有期雇用等を自ら選んだ労働者と比較すると、仕事への満足度が低い傾向がある[131]。雇用の安定性や福利

---

[127] 例えば、全国300ヵ所のハローワークに設置されている「生涯現役支援窓口」では、概ね60歳以上の高齢者とその採用に意欲的な企業等とのマッチング等の総合的な就労支援を行っている。また、産業雇用安定センターでは、同センターに登録した就労の意欲のある60歳以上の高齢者を企業等に紹介する「キャリア人材バンク」事業を展開している。

[128] 総務省「労働力調査」によると、2022年の有期雇用等労働者の内訳は、パートが1,021万人（48.6％）で最も多く、アルバイト453万人（21.6％）、契約社員283万人（13.5％）、派遣社員141万人（7.1％）、嘱託112万人（5.3％）の順となっている。

[129] 総務省「労働力調査」によると、「自分の都合のよい時間に働きたいから」（33.5％）が最も多く、次いで「家計の補助・学費等を得たいから」（19.2％）、「家事・育児・介護等と両立しやすいから」（10.9％）、「正規の職員・従業員の仕事がないから」（10.3％）の順となっている。

[130] 総務省「労働力調査」で直近10年の不本意有期雇用等労働者数の推移をみると、2013年の約342万人（19.2％）から毎年減少し、2018年は約256万人（12.8％）、2021年は約216万人（10.7％）となっている。

[131] 厚生労働省「令和元年就業形態の多様化に関する総合実態調査」によると、職業生活全体に対する満足度D．Ｉ．（「満足」又は「やや満足」とする労働者割合から「不満」又は「やや不満」とする労働者割合を差し引いた数値）は、正社員の41.6ポイントに対し、正社員以外は25.7ポイントであった。また、リクルートワークス研究所「全国就業実態パネル調査（JPSED）2019」によると、有期雇用等を選んだ理由別の仕事満足度（5ポイントが最も高い）を比較すると、「専門的な技能をいかせるから」（3.7ポイント）、家事育児と両立しやすいから」（3.4ポイント）に対し、「正規の仕事がないから」（2.8ポイント）は最も低い数値であった。

厚生、職務内容等に対する不安・不満等が一因と考えられる。

　仕事への意欲や納得感を得ながら働ける職場環境を整備することは、エンゲージメントと生産性の改善・向上に直結する。まずは不本意有期雇用等労働者を意識した対応として、同一労働同一賃金法制への対応[132]や正社員化[133]の推進などを確実に進めていくことが不可欠である。

図表 1-11 有期雇用等労働者が現在の雇用形態についた主な理由

現在の雇用形態についた主な理由	実数（万人）	割合（％）
自分の都合のよい時間に働きたいから	679	33.5
家計の補助・学費等を得たいから	389	19.2
家事・育児・介護等と両立しやすいから	222	10.9
正規の職員・従業員の仕事がないから	210	10.3
専門的な技能等をいかせるから	165	8.1
通勤時間が短いから	95	4.7
その他	269	13.3

出典：総務省「労働力調査」（2023年5月）をもとに経団連事務局にて作成

　加えて、有期雇用等を自ら選択している働き手の中には、家事・育児・介護など様々な個別事情によって、労働時間や勤務形態等に制約を受けている者がいる可能性がある。コロナ禍を経て、テレワークや時差勤務、フレックスタイム制など多様な働き方が進展・定着したことから、意欲と能力がありながら、個別事情により有期雇用等を選択している社員を正社員として登用する制度を整備[134]するなど、さらなる活躍を支援することも一案となる。

　あわせて、有期雇用等労働者の能力開発・スキルアップも重要である。「正規の職員・従業員として働きたい」「現在の雇用形態（有期雇

---

[132] 詳細は119頁「①同一労働同一賃金法制に基づく対応」参照。
[133] 詳細は120頁「③正社員登用の推進」参照。
[134] 勤務地限定や職務限定、勤務時間限定といった多様な正社員制度の導入・拡充などが考えられる。

用等）のまま専門性を深めたい」など、有期雇用等労働者一人ひとり
が有している自身のキャリアビジョンを踏まえながら、意欲のある有
期雇用等労働者に対して、能力開発・スキルアップ、資格取得に必要
なＯＪＴ・Ｏｆｆ－ＪＴ[135]を計画的に実施することで担っている職務
への意欲を高め、エンゲージメントと生産性の改善・向上を図ってい
くことが望まれる。

　なお、有期雇用等労働者の活躍を阻害している一因として「就業調
整（年収の壁）」[136]が指摘されている。政府は、有期雇用等労働者が就
業調整を意識せずに働くことができる環境整備について、抜本的な見
直しを含めて検討する方針を示している[137]。企業は、そうした動向に
留意しながら、同一労働同一賃金への対応や、配偶者の収入による制
限を設けている配偶者手当の再点検・見直しなど、働き方に中立的な
制度に向けて、労使で議論することが望まれる。

（4）外国人

① 外国人雇用の現状

　労働力問題の対応として、外国人材の受入れ拡大とそのための環境
整備も非常に重要である。わが国における外国人就労者数は 182.3 万
人（2022 年）となり、外国人雇用状況の届出が義務化された 2007 年

---

[135] 厚生労働省「令和４年度能力開発基本調査」によると、正社員以外（派遣社員を除く）に対し、計画的なＯＪＴを実施した事業所は23.9%（正社員60.2%）、Ｏｆｆ－ＪＴを実施した事業所は29.6%（同70.5%）であった。
[136] 詳細は63頁TOPICS「就業調整（年収の壁）に関する動向」参照。
[137] 厚生労働省「年収の壁・支援強化パッケージ」は当面の対応として2023年10月から、①キャリアアップ助成金・社会保険適用時処遇改善コースの新設（最大３年間、労働者の収入を増加させた事業主に１人当たり最大50万円助成）、②社会保険適用促進手当の標準報酬算定除外（最大２年間、標準報酬月額・賞与額の算定に考慮しない）、③事業主証明による被扶養者認定の円滑化（一時的な収入変動であるとの事業主証明を添付することで迅速に認定）、④企業の配偶者手当の見直し促進を実施。あわせて、被用者保険の適用拡大など制度見直しに取り組むとしている。

以降の過去最高を更新した。対前年増加率[138]も、コロナ禍の影響を受けた2021年の0.2%増から、2022年は5.5%増となった。

図 表 1-12　外国人就労者数の推移

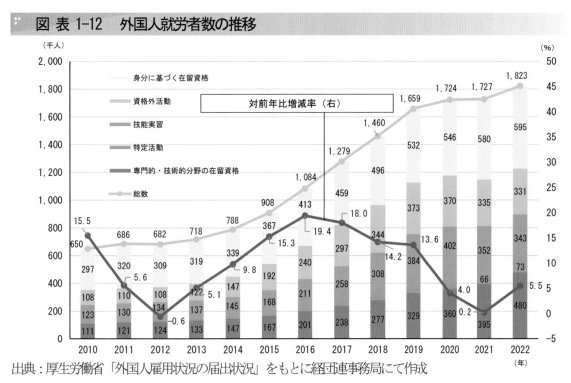

出典：厚生労働省「外国人雇用状況の届出状況」をもとに経団連事務局にて作成

② 外国人材の受入れ促進

　外国人材はわが国企業の競争力の強化と持続的な成長に必要との認識の下、受入れ企業には、適切な支援や在留・雇用管理、労働法令の遵守の徹底、人権デューデリジェンス[139]の実施が求められる。とりわけ、人権を尊重する経営の実践は重要である。

　イノベーション創出を通じた生産性の改善・向上の観点からは、特に高度人材の受入れが不可欠である。わが国における高度外国人材[140]

---

[138] 在留資格別の前年比増加率は、「専門的・技術的分野の在留資格」が21.7%増（85,440人増）で最も高く、「特定活動」が11.3%増（7,435人増）で続いている。一方、「資格外活動」のうち「留学」は前年比3.3%減（8,958人減）、「技能実習」は2.4%減（8,534人減）と、コロナ禍の影響が残る在留資格もある。

[139] 企業が自らの事業活動に関連して、人権への負の影響を回避、軽減、対処するための取組みのこと。自社だけでなくサプライチェーンにおける外国人労働者も対象に含まれる。

[140] 日本貿易振興機構（ジェトロ）は、以下①〜③を同時に満たす人材を「高度外国人材」とみなしている。①在留資格「高度専門職」または「専門的・技術的分野」のうち、原則、「研究」「技術・人文知識・国際業務」「経営・管理」「法律・会計業務」を有する。②採用された場合、企業において、研究者やエンジニア等の専門職、海外進出等を担当する営業職、法務・会計等の専門職、経営に関わる役員や管理職等に従事する。③日本国内または海外の大学・大学院卒業同等程度の最終学歴を有している。

の数は、約22.3万人[141]（2017年12月末）から約36.3万人（2022年12月末）と、直近5年間で約6割増加した。近年の円安の進行や国際的な人材獲得競争激化の中、高度人材をはじめとする外国人材のさらなる受入れと定着には、グローバルな人材獲得において競争力を持った賃金水準の設定・提示や、適正な評価制度の導入などを通じて、外国人材から選ばれるよう、企業としての価値や魅力を高めていくことが求められる。また、日本の大学・大学院等で学ぶ外国人留学生の積極的な採用も有効な選択肢となる。外国人留学生は、専攻分野に関する高度な専門知識等を有するとともに、一定期間の日本での生活を経験し、日本の文化や生活環境への適応等のハードルが低く、企業にとって採用意欲の高い人材といえる。

　しかし現状は、外国人留学生の約6割が卒業後の進路として日本国内での就職を希望しているにもかかわらず[142]、実際に日本で就職した外国人留学生は4割に満たない[143]。原因としては、日本の就職活動に関する留学生の理解不足（就職活動開始の出遅れなど）、企業が求める日本語能力と留学生が有する能力との乖離、企業の受入れ体制の未整備などが考えられる[144]。企業には、大学と連携した就職活動に関するサポート実施や通年採用の拡大、日本語能力の選考基準・方法の見直

---

[141] 出入国在留管理庁「在留外国人統計」より、在留資格「高度専門職」の人数と「専門的・技術的分野」のうち、「研究」「技術・人文知識・国際業務」「経営・管理」「法律・会計業務」の人数を合計して算出した。

[142] 日本学生支援機構「令和3年度私費外国人留学生生活実態調査」（2022年9月）によると、卒業後の進路希望等（複数回答）としては、「日本において就職希望」（4,243人、58.0%）が最も多く、次いで「日本において進学希望」（3,135人、42.8%）が多い。

[143] 日本学生支援機構「令和3年度外国人留学生進路状況調査結果」（2023年3月）によると、2021年度中に卒業・修了した外国人留学生68,408人のうち、日本に留まった学生は49,682人（74.8%）で、「就職」（25,054人、37.7%）、「進学」（14,568人、21.9%）、「その他」（10,060人、15.1%）であった。

[144] 新日本有限責任監査法人（経済産業省委託事業）「外国人留学生の就職及び定着状況に関する調査結果」（2015年3月）によると、外国人留学生や高度外国人材に対し日本で就職活動をする上での課題（複数回答）をヒアリングしたところ、「外国人留学生向けの求人が少ない」（38.5%）が最も多く、次いで「日本の就職活動の仕組みが分からない」（33.8%）、「日本語による適性試験や能力試験が難しい」（32.2%）であった。一方、企業からみて、外国人留学生に就職活動で改善してほしい点は、「日本語能力が不十分」（38.9%）が最も多く、次いで「日本企業における働き方の理解が不十分」（36.9%）であった。

しなどを通じて、外国人留学生の受入れに向けた積極的な検討が求められる。政府・地方自治体における支援体制の拡充も望まれる[145]。

③ 現場を支える人材の受入れ

現場を支える労働力不足への対応として、外国人材の受入れ拡大と活躍推進を図ることも選択肢となる。外国人材が日常生活と就業の基盤を築き、日本での定住に至るまでの各過程でサポートしていく必要がある。

政府・自治体においては、多言語による情報提供や来日後の住居探し、子供の教育環境整備など、日本での生活基盤の構築のサポート[146]を強化するほか、日本語を学習できる環境の整備[147]、在留資格等に関する行政手続きの簡素化、デジタル化の推進を求めたい。

外国人材の受入れ企業には、言語・宗教・食事（ベジタリアン対応等）などの面において異文化理解を踏まえた就業環境を整備するとともに、社員間の積極的なコミュニケーション促進や、メンター制度による相談体制の充実など、日本で働くことに対する不安感や孤独感をできるだけ解消するための支援が必要である。

こうした主体ごとの取組みに加え、受け入れた外国人材やその帯同家族を社会全体で包摂していくためには、政府や自治体、地域社会、外国人材を雇用する企業が一体となって生活・就労等に関する体制整備を進めることが非常に重要である。特に、日本語能力の向上支援にあたっては、就業する外国人材だけでなく帯同家族に対しても、企業

---

[145] 日本で就労を希望する高度外国人材（留学生、専門的・技術的分野）を対象に職業相談・職業紹介を行っている厚生労働省「外国人雇用サービスセンター」（東京・名古屋・大阪・福岡）の増設も一案である。

[146] 現在、出入国在留管理庁の検討会において、「外国人との共生社会の実現に向けたロードマップ」に基づき、生活上の困りごとを抱える外国人を適切な支援に繋げることのできる人材（「外国人総合支援コーディネーター」（仮称））の育成・認証制度等に関する検討が進められている。

[147] 2023年6月に「日本語教育の適正かつ確実な実施を図るための日本語教育機関の認定等に関する法律」が成立し、日本語教育の質の維持向上を図るために、日本語教育機関の認定制度と日本語教員の資格制度が創設された。

と地域の自治体・ＮＰＯ等とが連携してサポートすることが有益な取組みといえる[148]。

なお、外国人技能実習制度および特定技能制度については、技能実習制度における制度目的と運用実態との乖離、技能実習生に対する人権侵害、特定技能制度との接続性など様々な問題点が指摘されていた。

そこで政府は、「外国人材の受入れ・共生に関する関係閣僚会議」の下に「技能実習制度及び特定技能制度の在り方に関する有識者会議」を設置し、2022年12月から議論を開始した。以降、16回にわたって開催され、2023年11月に制度見直しに向けた最終報告書[149]を取りまとめた。

今後は、同報告書を踏まえ、外国人材の人権保護を十分担保しつつ、外国人材が成長を実感しながらキャリアアップが可能な制度とすることに加え、受入れ対象分野を経済社会の変化に応じて適時適切に見直すなど、わが国の競争力の維持・強化に資する制度に向けた法整備が望まれる。

---

[148] 愛知県では、地元の経済界と自治体が連携して、地元企業の社員ボランティアによる地域の日本語教室支援活動を通じて、外国人との共生社会づくりを目指すとともに、地元企業による外国人の子どもたちへの多面的なサポートを実施している。詳細は経団連「2024年版春季労使交渉・労使協議の手引き」（企業事例「愛知県における産官連携による日本語教室支援活動」）参照。

[149] 同報告書は、現行の技能実習制度を発展的に解消した上で、人材確保と人材育成を目的とした新たな制度（仮称「育成就労制度」）の創設に加え、①新たな制度の受入れ対象分野は特定技能制度の特定産業分野に限定し、3年間の育成期間で特定技能1号の技能水準の習得を目指すなど特定技能制度と連続性を持たせる、②新たな制度では一定の要件の下、本人の意向による転籍を認める、③監理団体の許可要件を厳格化する一方で、優良な受入れ機関に対しては申請書類の簡素化や届出頻度の軽減等の優遇措置を実施するなど、具体的な方向性を提示している。

４．生産性の改善・向上による地方経済の活性化

（１）中小企業における生産性の改善・向上

　少子化や人口減少に加え、これまでのわが国の産業構造等の変化に伴う東京圏への人口流入[150]も相まって、地方経済は、労働力・後継者不足など様々な課題を抱えている。地方経済の活性化には、その重要な担い手である地元企業、とりわけ中小企業が、アウトプット（付加価値）の最大化とインプット（労働投入）の効率化に自律的・自発的に取り組み、生産性を改善・向上することが不可欠である。

① アウトプットの最大化

　アウトプットの最大化には、企業努力はもとより、当該地方におけるステークホルダー間の連携強化が重要である。様々な関係者（地方自治体や地方別経済団体、企業、金融機関、教育・研究機関、農林水産業・観光団体等）は、当該地方の歴史や文化はもちろん、地域特有の事情も熟知している。そうした関係者間の連携強化により、ビジネス面での諸課題の解決を図るとともに、新たな価値を創造し、付加価値の増大・最大化を図ることが求められる。

　加えて、経営課題の把握や経営戦略の見直しを客観的に行うには、高い知見やノウハウを有する外部人材の受入れ、当該地方外の大企業やスタートアップ企業等を含めた連携も一案である。例えば、イノベーション創出の核となる技術を有する大学と、地元企業や地方銀行などの主体、さらには地方外の人材や企業等が連携してイノベーション・

---

[150] 総務省統計局「住民基本台帳人口移動報告」（2023年1月）によると、東京圏（東京都、神奈川県、埼玉県、千葉県）は27年連続の転入超過（2022年時点）となっている。

エコシステムを構築[151]し、各主体が強み・特性を活かしながら、社会的な課題の解決や地方創生に貢献することが考えられる。

② インプットの効率化

　地方経済の重要な担い手である地元企業の生産性の改善・向上には、インプット（労働投入）の効率化も必要である。地方企業、とりわけ中小企業で労働力不足が深刻化している中、労働時間の削減や業務プロセスの見直し等には、他社事例を参考にすることが効率的といえる。例えば、オンラインのコミュニケーションツールを活用した情報共有や、自動化等による作業時間の削減と平準化、遠隔での製造工程の監視などの事例を自社の実態に適った形で取り入れることが考えられる。

　実効性を高める観点からは、地方別経済団体が主催するセミナーや、厚生労働省等による公的支援の活用も有益な選択肢となる[152]。

（2）地方への人の流れの創出

　都市部の大企業はヒト・モノ・カネ・情報など多くの経営資源を有しており、大企業等で培った多様な経験を持つ人材のスキルやノウハウ、人脈等を有効活用すべく、地方への人の流れを創り出すことが重要である。このことは、ＤＸ推進による業務の効率化に寄与するだけでなく、労働力不足への対応ともなる。

　地方への人材の流れを確かなものとするには、人材を受け入れる側と送り出す側双方における環境整備が不可欠である。

　受入れ側の地方の企業においては、性別や国籍、年齢、雇用形態などにかかわらず、多様な人材が活躍できる環境整備が必要となる。加

---

[151] 例えば、富山市では、2022年11月に発足した「富山市スマートシティ推進ビジョン」に基づき、「コンパクト＆スマート」「市民（利用者）中心主義」「ビジョン・課題フォーカス」を基本理念に、産学官民が連携して地域課題の解決を図る「スマートシティ政策」に取り組んでいる。
[152] 詳細は14頁「（2）インプット（労働投入）の効率化」参照。

えて、地方自治体が中心となり、医療・福祉体制や教育機関、交通インフラの整備など、当該地方へ転居してきた居住者が利便性や豊かさを感じながら生活できる社会サービスを提供することが肝要である。

　送り出し側となる都市部の企業では、テレワークの活用やワーケーション[153]の推進、副業・兼業の促進などが有力な選択肢となる。公的な支援制度の活用[154]も一案となる。

　コロナ禍を契機に拡大・定着したテレワークなど、働く場所にとらわれない柔軟な働き方は、二拠点・多拠点の居住といった新たな暮らし方・働き方として注目されている。例えば、ワーケーションは、導入した企業、滞在先の地方、当該地方の観光関連事業者それぞれにメリットがあるとともに、多くの人々が様々な地方と接する機会を創出・拡大する契機となり得る。

　また、地方企業での副業・兼業に関心を持つ働き手が増えており[155]、地方自治体や金融機関の中には、都市部の「副業人材」とのマッチングを行う例もある[156]。送り出す企業側にとって、働き手のエンゲージメント向上、生産性の改善・向上が期待できる。一方、受入れ側にとっても、副業・兼業の活用は、関係人口[157]や定住人口の拡大につながる可能性がある。

---

[153] 経団連「企業向けワーケーション導入ガイド」（2022年7月）では、「普段の職場とは異なる地域への滞在とともに行うテレワーク」としている。

[154] 地方の中小企業での活躍を目的とした施策として、内閣府「プロフェッショナル人材事業」、金融庁「地域企業経営人材マッチング促進事業」などがある。

[155] リクルート「兼業・副業に関する動向調査」（2023年4月）によると、副業を実施している労働者のうち、都市圏で働く人が地方企業で兼業・副業を実施する「ふるさと副業」に「興味がある」「非常に興味がある」と回答した者は67.5％、副業を実施したいと考えている労働者に限れば、72.4％に上る。

[156] 例えば、新潟県は、「兼業・副業による県内企業経営革新プロジェクト」として、スキルアップや地域への貢献を目指す都市部の人材と、新潟県内の中小企業のマッチングを行っている。また、福井銀行は、地元の新聞社、東京都内の人材関連会社とともに、副業人材マッチングサービス「ふくショク」を運営、副業を希望する都市部の人材と県内企業のマッチングを行っている。

[157] 副業・兼業やワーケーション、ボランティアなど様々な活動を通じて、特定の地方と継続的で強い関係性を持つ者のこと。定住はしていないが、観光客に比較すると、当該地方と強い関わりを持つ者とされる。

５．法定最低賃金に関する考え方

　中小企業の多い地方経済において、法定最低賃金引上げに対応する必要性が高まっている。改定後の地域別最低賃金額を下回ることとなる賃金額で働いている労働者の割合を示す影響率（全国平均）は、コロナ禍を踏まえた2020年度（4.7％）を除き、2016年度（11.1％）以降、10％超が続き、2022年度は過去最高の19.2％に達した。都道府県別では、神奈川県（26.7％）が最も高く、次いで青森県（25.3％）、大阪府（24.6％）が続き、12道府県で20％を超えている。

　そこで、法定最低賃金に関する考え方を改めて整理する。

（１）地域別最低賃金

　2023年度の目安審議は、目安を示すランク数を４つから３つに変更して初めて行われた[158]。「全国加重平均1,000円を達成することを含めて、公労使三者構成の最低賃金審議会で、しっかりと議論を行う」との政府方針[159]に配意しつつ、予備日を使って議論が重ねられた。

　その結果として示された公益委員見解では、最低賃金決定の３要素（労働者の生計費及び賃金、通常の事業の賃金支払能力）を総合的に勘案することを基本としながら、消費者物価の上昇継続に着目し、「労

---

[158] 中央最低賃金審議会「目安制度の在り方に関する全員協議会報告」（2023年4月）において、ランク制度は維持しつつ、ランク数を現行の4から3にすることが適当とされた。各ランクへの振り分けは、総合指数や適用労働者数の比率、直近の地域別最低賃金額、地域における経済圏など複数の要素を総合的に勘案して行うこととされた。その結果、①Aランクの地域は現行を維持、②AランクとBランクの適用労働者数を同程度、③BランクとCランク間は総合指数に比較的大きな差がある地域間で区分された。Aランクは6都府県（埼玉、千葉、東京、神奈川、愛知、大阪）、Bランクは28道県（北海道、宮城、福島、茨城、栃木、群馬、新潟、富山、石川、福井、山梨、長野、岐阜、静岡、三重、滋賀、京都、兵庫、奈良、和歌山、島根、岡山、広島、山口、徳島、香川、愛媛、福岡）、Cランクは13県（青森、岩手、秋田、山形、鳥取、高知、佐賀、長崎、熊本、大分、宮崎、鹿児島、沖縄）。

[159] 「経済財政運営と改革の基本方針2023」（2023年6月）では、「最低賃金については、（中略）全国加重平均1,000円を達成することを含めて、公労使三者構成の最低賃金審議会で、しっかりと議論を行う。また、地域間格差に関しては、最低賃金の目安額を示すランク数を4つから3つに見直したところであり、今後とも、地域別最低賃金の最高額に対する最低額の比率を引き上げる等、地域間格差の是正を図る」とされた。

働者の生計費」を重視するとされた。具体的には、＋4.3%[160]を基準に、Ａランク＋41円、Ｂランク＋40円、Ｃランク＋39円の目安額が示された。

　目安を参考に審議が行われた各地方最低賃金審議会の答申内容は、＋39円（岩手県）〜＋47円（島根県、佐賀県）で、改定額の全国加重平均は1,004円（前年度比＋43円、＋4.5%）となった[161]。

　今年度の特徴として、「目安同額」が23件（48.9%）で最も多い一方、目安額を大きく上回る「目安＋4円〜＋8円」での答申が14件（29.8%）にのぼった。とりわけ、Ｃランクでは、「目安＋4円」以上の大幅な引上げが13件中12件を占めた。

　結審状況は、全47件のうち「使用者側全員反対」が26件（55.3%、対前年度比−7件）で最も多く、「全会一致」は14件（29.8%、同＋5件）となった。「目安同額」で結審した23件の約半数（12件）が「全会一致」であるのに対し、「目安＋3円以上」で結審した15件すべてが「使用者側全員反対」で結審するなど、引上げ額によって結審結果が大きく分かれた。

図表 1-13　ランク別の目安額と引上げ額との比較

ランク	目安額	±0円 結審状況	+1円 結審状況	+2円 結審状況	+3円 結審状況	+4円 結審状況	+5円 結審状況	+6円 結審状況	+7円 結審状況	+8円 結審状況
A(6件)	41円	5 ○:3 ☆:2	1 ●:1	-	-	-	-	-	-	-
B(28件)	40円	17 ○:9 ●:5 ☆:3	5 ○:1 ●:4	3 ○:1 ●:1 ☆:1	1 ●:1	1 ●:1	-	-	1 ●:1	-
C(13件)	39円	1 ☆:1	-	-	-	1 ●:1	4 ●:4	4 ●:4	2 ●:2	1 ●:1
合計件数		23 ○:12 ●:5 ☆:6	6 ○:1 ●:5	3 ○:1 ●:1 ☆:1	1 ●:1	2 ●:2	4 ●:4	4 ●:4	3 ●:3	1 ●:1

注：結審状況のうち、○は全会一致（14件）、●は使用者側全員反対（26件）、☆はその他（使用者側一部反対など）（7件）

---

[160] 2022年度の最低賃金の引上げ率の＋3.3%に対し、2022年度の最低賃金が発効した2022年10月から2023年6月までの消費者物価指数（「持家の帰属家賃を除く総合」）の対前年同期比は＋4.3%であった。

[161] 都道府県別の最低賃金額は893円（岩手県）〜1,113円（東京都）、最高額に対する最低額の比率は80.2%（前年度79.6%）に上昇した。

地域別最低賃金は、業績等の状況に関係なく強制的に適用されることから、各地方最低賃金審議会の自主性を引き続き尊重しながら、公労使三者で「全会一致」を目指して審議することの重要性を関係者間で共有することが不可欠である。

地域別最低賃金は、生産性の改善・向上による収益の安定的な増大に伴って引き上げていくことが望ましい中、近年は近隣地域への人材流出防止、物価上昇による生計費への影響などを背景に、業績が改善していないにもかかわらず、賃金を引き上げた中小企業が一定程度存在している[162]。最低賃金の引上げにあたっては、その影響を直接受けやすい中小企業への支援が欠かせない。こうした観点から、中小企業と中小企業団体の意見を十分に踏まえながら、中小企業の支払能力を高め、最低賃金引上げに対応できる環境整備を一層進める必要がある。政府には、デジタル化など生産性向上に資する実効性の高い支援策の実施・拡充[163]と利用実績の検証を求めたい。

一方、全国加重平均が1,000円を超えたことを受けて、政府は「2030年代半ばまでに全国加重平均1,500円」という新たな目標[164]を提示した。今後はこの目標を見据えながら、毎年度の各地方最低賃金審議会での審議を経て決定される引上げ額を積み上げていくことで、全国加

---

[162] 日本商工会議所「商工会議所LOBO調査（早期景気観測調査）」（2023年12月）によれば、2023年度において「賃上げを実施」と回答した企業は64.4%で、このうち「業績の改善がみられないが賃上げを実施（防衛的な賃上げ）」と回答した企業は40.5%であった。

[163] 一例として、2023年8月31日からの業務改善助成金制度の拡充などが挙げられる。同制度は、事業場内最低賃金（事業場内で最も低い時間給）を一定額以上引き上げるとともに、生産性向上に資する設備投資などを行った中小・小規模企業に対し、その設備投資等に要した費用の一部を助成する制度。拡充内容として、①対象を事業場内最低賃金と地域別最低賃金の差額が50円以内（従前30円以内）の事業場に拡大、②助成率9割が適用される範囲を事業場内最低賃金870円未満から900円未満に引き上げるなど、助成率区分の金額を見直し、高い助成率が適用される範囲を拡大、③特定の期間（2023年4月1日〜12月31日）の賃金の引上げ（50人未満の事業者）について、引上げ後の事後申請を可能とした。

[164] 「デフレ完全脱却のための総合経済対策」（2023年11月2日閣議決定）において、「公労使の三者の最低賃金審議会で毎年の最低賃金額についてしっかりと議論を行い、その積み重ねによって2030年代半ばまでに全国加重平均が1,500円となることを目指す」と記述されている。試算すると、2024年度から毎年度3.4%上昇した場合、2035年度に1,500円超となる。

重平均額が上がっていくことになる。その際、最低賃金決定の3要素を総合的に勘案しながら、毎年度の事業環境を丁寧に確認した上で議論する必要がある。

こうした中、諸外国の最低賃金制度（適用除外や減額措置、改定方法など）[165]も参考にしながら、わが国の制度のあり方を検討することが望まれる。また、賃金引上げの十分な準備期間の確保に向けて、発効日は柔軟な設定が可能であることを踏まえ[166]、現行の10月[167]にこだわらず、例えば、区切りのよい年初めの1月や年度初めの4月を有力な選択肢としながら、関係者間で早めに議論を始める必要がある。

（2）特定最低賃金

産業別の「特定最低賃金」は、「地域別最低賃金を上回る水準が必要と認められる場合」に、関係労使の申し出を受けて公労使三者の「全会一致」の議決を経て設定される[168]。しかし、近年の地域別最低賃金の大幅な引上げによってその差額（全国加重平均）は急激に縮まり、ついに2021年度から逆転している[169]。個々の特定最低賃金額をみても、地域別最低賃金額を下回るケースが多くなっている[170]。

複数年度にわたって地域別最低賃金を下回っている場合や、地域別

---

[165] 欧州の最低賃金制度では若年者等に対する適用除外等の措置があるのに対し、日本は全労働者に適用（減額措置あり）。アメリカでは連邦法・州法の改正等によって改定、その他の国では審議会・委員会の審議を経て政府が改定している。ドイツは2年ごと、イギリスやフランス、韓国は日本同様、毎年改定している。

[166] 「地域別最低賃金の改正の決定は、前項の規定による公示の日から起算して30日（公示の日から起算して30日を経過した日後の日であって当該決定において別に定める日があるときは、その日）から、（中略）その効力を生ずる」（最低賃金法14条2項）とされ、各地方最低賃金審議会の決定により発効日を設定することは可能である。

[167] 2023年度は、8月18日までにすべての地方最低賃金審議会が答申し、10月1日～14日にかけて順次発効。

[168] 「新しい産業別最低賃金の運用方針について」（1982年1月14日中央最低賃金審議会答申）の了解事項において、「関係労使の申出に基づく最低賃金の決定、改正又は廃止の必要性ついて（中略）最低賃金審議会は全会一致の議決に至るよう努力するものとする」とされている。

[169] 地域別最低賃金額（全国加重平均）との差額は、2010年度＋66円、2015年度＋42円、2020年度＋3円となり、2021年度に－8円、2022年度に－19円と逆転した。

[170] 地域別最低賃金額未満の特定最低賃金は、2013年度20件、2020年度49件、2022年度78件、2023年度79件（全224件中）。このうち、複数年度続けて下回った特定最低賃金は69件（87.3％）、5年以上連続は44件（55.7％）。

最低賃金との乖離額が大きい特定最低賃金については、当該地域の地域別最低賃金が適用され続けており、実質的な機能をもはや果たしていないことから、廃止に至ったケース[171]も参考にしながら、関係労使間で廃止に向けた検討を開始すべきである。

例えば、2010 年度以降に廃止された特定最低賃金 26 件のうち、地域別最低賃金額未満かつ適用労働者数 1,000 人超の 18 件では、地域別最低賃金を下回っていた年数は平均 5 年、乖離額は平均 81 円、適用使用者数は平均 519 人、適用労働者数は平均 14,898 人であった。こうした平均値を要件として活用し、それを満たした場合には廃止の手続きに入る「廃止のルール」を具体化する段階にきている[172]。

図 表 1-14　地域別最低賃金と特定最低賃金の対比表

	地域別最低賃金	特定最低賃金
役割・機能	● すべての労働者の賃金の最低限を保障するセーフティネット	● 企業内の賃金水準を設定する際の労使の取組みを補完 ● 地域別最低賃金より高い額で設定することが必要
適用対象	● 都道府県ごとに適用 ● 産業・職種を問わずすべての労働者とその使用者に適用	● 産業または職業ごとに適用（日本標準産業分類の小／細分類ごと） ● 当該産業の「基幹的労働者」に適用
決定方法	● 各都道府県で時間給による決定を義務付け	● 関係労使の申し出により新設、改正または廃止
最低賃金未満の賃金を支払っていた場合の効力	● 最低賃金法上の罰則あり（50万円以下の罰金） ● 民事的な効力（最低賃金に満たない賃金を定めた労働契約はその部分が無効）	● 最低賃金法上の罰則なし（労働基準法第24条違反が適用）。 ● 民事的な効力（同左）

注：特定最低賃金の基幹的労働者とは、当該産業に特有／主要な業務に従事する労働者（基幹的労働者ではない労働者の職種、業務を記載することなどにより、それぞれの特定最低賃金ごとに規定）。なお、年齢（18歳未満又は65歳以上の者）、業務（雇入れ後一定期間未満の技能習得中の者、その他当該産業に特有の軽易な業務に従事する者など）による適用除外も存在。

---

[171] 最低賃金法 17 条「厚生労働大臣又は都道府県労働局長は、（中略）特定最低賃金が著しく不適当となったと認めるときは、その決定の例により、その廃止の決定をすることができる」とある。2010 年度以降、廃止された特定最低賃金（地域別最低賃金額未満）26 件のうち、18 件が都道府県労働局長の職権による。

[172] 2023 年度に地域別最低賃金額未満の特定最低賃金 79 件のうち、地域別最低賃金を下回っていた年数が 7 年以上かつ乖離額が 100 円以上のものは 30 件に上る。

TOPICS

中小企業における生産性の改善・向上の事例

　中小企業は、大企業に比べて制約要因を有している場合が多いことから、生産性の改善・向上に取り組む際には、同規模の企業事例を参考にすることが効率的といえる。具体的には、厚生労働省「働き方・休み方改善ポータルサイト」や「働き方改革特設サイト　中小企業の取り組み事例」、中小企業庁「中小企業・小規模事業者の人材活用事例集」や「中小企業白書」などが参考となる。本稿では、この中から4つの企業事例を紹介する。

図表 1-15　中小企業における生産性の改善・向上の事例

	①宿泊業　A社 (京都府、従業員数22名)	②建設業　B社 (京都府、従業員数29名)	③金属加工業　C社 (東京都、従業員数150名)	④医薬品卸売業　D社 (青森県、従業員数18名)
課題	● 働きやすい職場環境整備に向けた年間休日の増加	● 人手不足の解消や魅力ある職場づくりに向けた職場環境の改善や業務の効率化	● 価格競争力を維持するための品質の向上とコスト削減の両立	● 非効率な業務による長時間の残業や過剰在庫
取組み内容	● 入社時からの各部門ローテーションによるスタッフの「マルチタスク」化 ● 社内連絡用の個人端末の配付 ● 館内防犯カメラを活用したスタッフの所在や繁忙状況の可視化	● 見積・発注・原価管理ソフトの導入 ● 勤怠管理アプリの導入 ● 技能・技術の向上に資する資格の取得支援	● 社員の多能工化に向けた教育体系の整備 ● 給与体系の見直し ● スキルマップの作成によるスキルの見える化 ● 独自の生産管理システムの開発・導入	● 販売管理基幹システムの導入による在庫データの一元管理 ● 顧客管理と営業支援ツールを備えるクラウド型サービスの導入 ● 各部署が蓄積するデータを集約・可視化するBIツールの導入　等
成果	● 年間休日の増加 ● 急なスタッフの欠勤にも対応できる体制構築 ● 離職率の低下	● 労働時間の削減 ● 社員数の増加 ● 年休取得率の向上 ● 業務の効率化 ● 安全に対する意識をもつ余裕による事故や怪我の予防	● 情報の共有化や作業の省力化 ● 社員や顧客に対する利益の適切な分配	● 効率的な出荷業務による出荷量の倍増 ● 誤出荷率の減少 ● 社員間の情報格差解消によるエンゲージメント向上

出典：①厚生労働省「働き方・休み方改善ポータルサイト」、②厚生労働省「働き方改革特設サイト　中小企業の取り組み事例」、③中小企業庁「中小企業・小規模事業者の人材活用事例集」、④中小企業庁「2023年版 中小企業白書」をもとに経団連事務局にて作成

（1）「マルチタスク」化とICT活用による生産性の改善・向上

　宿泊業のA社（京都府、従業員数22名）は、かつては年間休日が83日と少ない状況であった。働きやすい職場環境整備のため、まずは年間休日の増加に取り組んだ。

　同社では、フロント、客室、調理の3つの部門にそれぞれスタッフが配置され、各部門の業務が縦割りで行われ、他部門の状況等をお互いに把握できず不満を感じていた。そこで、業務負担の偏りを解消するため、全スタッフが入社時から3つの部門をローテーションすることで「マルチタスク」化を図った。その結果、全てのスタッフが、各部門の業務を経験・理解し、他部門が忙しい時期などのイメージがしやすくなり、部門の垣根を越えて協力し合える関係が構築できた。

　加えて、スタッフ1人に1台、社内連絡用の個人端末を配付したほか、館内防犯カメラを活用し、スタッフの所在やフロアごとの繁忙状況を可視化したことで、全スタッフの状況を即座

に共有できるようになった。手隙のスタッフによる宿泊客への対応や、各フロアの繁忙状況を踏まえた他部門への支援要請などが可能となり、業務を効率的に進められるようになった。

こうした取組みにより、生産性が改善・向上し、2019年から年間休日を105日に増加することができた。また、急な体調不良などによるスタッフの欠勤の際にも、業務が滞りなく遂行できる体制を構築した。業界全体では、人手不足が課題となっている中、同社では、継続的に求職者からの応募があり、人員に余裕のある状況が続いている上、離職率も低下するなど、好循環が生まれている。

（2）ＤＸ推進と働き手の能力向上支援による生産性の改善・向上

建設業のB社（京都府、従業員数29名）は、人手不足解消や魅力ある職場づくりに向けて、職場環境の改善と業務の効率化に取り組んだ。

大手ゼネコンを中心に、業界全体としてＤＸ化やペーパーレス化への対応が迫られている中、同社はまず、見積・発注・原価管理ソフトを導入した。これまでは特定の人（社長）が行っていた請求関連業務の事務作業を標準化して不特定の事務社員が作業できるようにしたことで、新規取引先への営業活動等に割く時間が増加した。また、勤怠管理アプリを導入し、日々の出退勤の打刻や日報の送信をスマートフォンで行うようにした。現場で作業をしている社員・職人は直行直帰が可能となり、労働時間の削減が実現した。

さらに、社員一人ひとりが能力を高め、技術力を底上げすることが生産性の改善・向上につながるとの考えから、同社では、技術者として身につけるべき技術・技能の向上に資する資格取得を支援している。具体的には、勤続年数に応じて取得すべき資格を見える化し、取得を促している。必要な講習は勤務時間として扱い、その受講料は同社が負担している。

その結果、労働時間の削減や社員数の増加、年休取得率の向上、業務の効率化が実現し、生産性が改善・向上した。加えて、直行直帰による移動時間の削減や負担の軽減によって、安全に対する意識をもつ余裕が生まれ、現場での事故やけがの予防にも寄与している。

（3）教育体系の整備と生産管理システムの開発・導入による生産性の改善・向上

金属加工業のC社（東京都、従業員数150名）は、同業他社が安価な労働力を求めて海外に拠点を移す中、地元の雇用を守るため、日本国内での製造にこだわっている。価格競争力を維持するためには、業務の効率化等による品質の向上とコスト削減の両立が必要と考え、社員の多能工化に向けた教育体系の整備と、独自の生産管理システムの開発・導入などを進めた。

教育体系については、年次が一つ上の先輩社員が新入社員を教育する体制を構築し、それを毎年繰り返すことで、技術承継を当たり前とする社内風土が醸成できた。あわせて、発揮した能力が多いほど高い給与となるよう給与体系を見直すことで、社員に多能工化に対する動機づけを行った。さらに、各社員が有するスキルを現場レベルで把握できるようスキルマップを作成して見える化を行った。

独自の生産管理システムの開発・導入にあたっては、自社の生産体制を熟知した社員にリードしてもらうことが適当と考えた。そこで、プログラミングができる経験者を採用し、3年ほど現場経験を積ませた後に生産管理システムの開発に着手させたことで、円滑に進めることができた。加えて、プログラム開発の素養がある社員や希望者をシステム開発部門に配置転換することで、ＩＴ人材の確保・育成に成功した。同社の生産管理システムは、自社内にとどまらず、中小企業・製造業向けの総合情報管理システムとして外販するに至っている。

　自社で開発した生産管理システムにより、情報の共有化や作業の省力化が進んだ結果、生産性は20％向上し、社員や顧客に対して、利益を適切に分配することが可能となった。

（4）デジタル化とデータの可視化による生産性の改善・向上

　医薬品卸売業のD社（青森県、従業員数18名）は、在庫等をデータ管理しておらず、製薬会社等への発注が社員の勘と経験に基づいて行われるなど、非効率な業務による長時間の残業や過剰在庫などの課題が顕在化していた。その解消に加え、一部の社員のみが情報を把握しているという社員間における情報格差をなくし、意思決定を迅速かつ効率的に行うためにデジタル化を進めた。

　まず、販売管理基幹システムを導入して情報を整理した。薬の種類や薬効、個数、保管場所などの在庫データを一元管理することで、仕入れから出荷までの流れを効率化した。また、顧客管理と営業支援ツール機能を備えるクラウド型サービスや、各部署が蓄積するデータを集約して経営戦略の策定を支援するＢＩツール[173]を導入して各種データを可視化し、社員への情報共有を図った。その結果、在庫管理から顧客への営業、経営戦略に至るまで、様々な領域をデジタル化することで組織変革も進められた。

　加えて、薬の保管場所の温度が遠隔で調整できるＩｏＴデバイスや、顧客への配達ルートの効率化を支援する位置情報ツール、社員同士のコミュニケーションを円滑かつスピーディーに行うチャットツールなども導入した。その際、社内のＩＴエンジニアを主体として、ＰＤＣＡサイクルを迅速に回すことで、円滑に進めることができた。

　これらの取組みにより、効率的な出荷業務が可能となり、適正な在庫量を維持した上で出荷量を従前の2倍に引き上げることができた。加えて、在庫管理等のデジタル化によってヒューマンエラーがなくなり、誤出荷率を減少させることにも成功した。また、社員間の情報格差が解消され、全社員が同社の現状を共有しながら議論ができるようになった。このことは、社員のエンゲージメント向上にも寄与している。

---

[173] 企業の意思決定に関わる様々な情報・データ「ＢＩ」（ビジネスインテリジェンス）を分析・見える化して、経営や業務に役立てるソフトウェアのこと。

TOPICS

障害者雇用の現状と今後の動向

わが国の民間企業に雇用されている障害者は増加傾向にある。障害特性に配慮しながら、エンゲージメントを高める施策を検討・実行し、その活躍を推進することは、ＤＥ＆Ｉの実践、企業の生産性の改善・向上にも資する。

そこで、本稿では、民間企業における障害者雇用の現状を確認するとともに、法改正など障害者雇用に関する動向を改めて整理する。

（1）障害者雇用の現状

民間企業に雇用されている障害者数（2023年6月時点）は64.2万人（前年比4.6％増）、実雇用率[174]は2.33％（同0.08ポイント増）と、どちらも過去最高を更新した。障害種別でみると、身体障害者（36.0万人、同0.7％増）、知的障害者（15.2万人、同3.6％増）、精神障害者（13.0万人、同18.7％増）のいずれも増加している。近年、精神障害者の増加が顕著となっている。

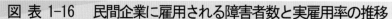

図 表 1-16　　民間企業に雇用される障害者数と実雇用率の推移

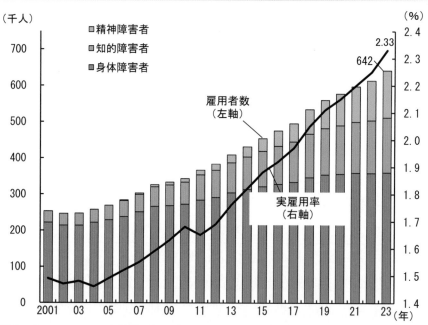

注：雇用義務のある43.5人以上規模（2012年までは56人以上規模、2013～2017年は50人以上規模、2018～2020年は45.5人以上規模）の企業の集計。制度改正により、算定基礎となる障害者が変更されたため、2005年以前、2006～2010年、2011～2017年、2018年以降の数値は単純には比較できない。
出典：厚生労働省「令和5年障害者雇用状況報告」

（2）雇用率制度と納付金制度

わが国の障害者雇用制度においては、「雇用率制度」と「納付金制度」が二本柱として、大きな役割を担っている。

---

[174] 実際に雇用している障害者の割合。「常用雇用障害者数」を「常用雇用労働者数」で除して算出する。

雇用率制度は、事業主に対し、常用労働者数に対して一定率以上の障害者の雇用義務を課すものである[175]。現在、民間企業の法定雇用率は2.3%で、従業員を43.5人以上雇用している事業主が対象[176]となる。法定雇用率達成企業の割合（2023年6月時点）は50.1%（対前年比1.8ポイント上昇）となっている。法定雇用率は原則5年ごとに見直しが行われている。直近2023年の見直しでは、2024年4月に2.5%、2026年7月に2.7%と段階的に引き上げられることとされた[177]。

　納付金制度は、障害者雇用に伴う事業主間の経済的負担の調整を目的としている。常用労働者が100人を超える雇用率未達成企業から納付金（不足1人当たり月5万円）を徴収する一方、雇用率達成企業に調整金[178]（超過1人当たり月2.9万円）や報奨金[179]（同2.1万円）、各種助成金を支給している。なお、2024年4月から、調整金と報奨金の支給調整が行われることとなっている[180]。

（3）就労ニーズを踏まえた働き方の推進と雇用の質的向上

　多様な障害者の就労ニーズを踏まえた働き方の推進や障害者雇用の質の向上などを目的に障害者雇用促進法等の改正が行われ、2023年4月1日以降、順次施行されている。

① 多様な障害者の就労ニーズを踏まえた働き方の推進

　雇用率制度の算定対象は、障害者の職業的自立の観点から、週20時間以上の労働者とされている。2024年4月からは、長時間の勤務が難しい障害者の就労機会を拡大するため、週所定労働時間10時間以上20時間未満の精神障害者、重度身体障害者、重度知的障害者について、特例的に実雇用率の算定対象（1人0.5カウント）となる。

　また、精神障害者の職場定着を図るため、精神障害者である短時間労働者（週所定労働時間20時間以上30時間未満）1人を1カウント（本来0.5カウント）とする特例措置は、当分の

---

[175] 障害者の就業が一般的に困難と認められる業種において、雇用する労働者数を計算する際、除外率相当の労働者数を控除する仕組みが設けられていた（除外率制度）。ノーマライゼーションの観点から2004年の法改正で廃止されたが、経過措置として、業種ごとの除外率制度は存置され、段階的に引き下げられてきた（2004年4月と2007年7月にそれぞれ一律10ポイントの引下げ）。今後は2025年7月に一律10ポイントの引下げが行われる予定。

[176] 計算上、法定雇用率を満たすために雇用しなければならない障害者の数が1人を超える最小の事業規模が約43.5人であるため、従業員を43.5人以上雇用する事業主が対象となる。短時間労働者は0.5人とカウントするため、0.5人の雇用は生じ得る。

[177] 雇用義務の対象は、2024年4月から40.0人以上、2026年7月から37.5人以上の従業員を雇用する事業主となる。

[178] 常用労働者数が100人を超える事業主に支給される。

[179] 常用労働者数が100人以下で、障害者を4%または6人のいずれか多い数を超えて雇用する事業主に支給される。

[180] 調整金は支給対象人数が10人を超える場合、超過人数1人当たりの支給額が月2.3万円（現行額比6,000円減）、報奨金は支給対象人数が35人を超える場合、超過人数1人当たりの支給額が月1.6万円（同5,000円減）となる。

間、継続されるとともに、「新規雇入れ又は手帳取得から3年間」とされていた要件は撤廃される[181]。

　企業には、こうした措置も踏まえ、多様な障害特性に配慮しながら、短時間勤務制度の導入・活用等によって障害者のさらなる活躍推進が望まれる。

② 障害者雇用の質の向上

　近年、障害者の能力発揮よりも、法定雇用率達成のために雇用者数の確保を優先する事業主が一部にみられるとの指摘を踏まえ、2023年4月から、障害者雇用促進法上の事業主の責務として、「職業能力の開発及び向上に関する措置」が含まれることが明確化された。障害者雇用の質の向上のため、キャリア形成支援を含め、事業主に対し、適正な雇用管理を求めている。

　また、障害者雇用調整金・報奨金の支給調整によって確保される財源をもとに、障害者雇用の質を高め、障害者の職場定着を図るために、2024年4月から助成金が新設・拡充される。具体的には、中高年齢等障害者の雇用継続を支援する助成金や、障害者雇用に関する相談援助を行う事業主に対する助成金[182]が新設されるほか、事業主のニーズ等を踏まえた既存の助成金の拡充[183]などが行われる。

　企業には、助成金等も活用しながら、障害者雇用の質の向上に取り組んでいくことが期待される。

図表 1-17　障害者雇用制度に関する主な改正事項

項目	改正内容	施行日
1. 多様な障害者の就労ニーズを踏まえた働き方の推進		
（1）短時間労働者の雇用率算定	・週所定労働時間10時間以上20時間未満の精神障害者、重度身体障害者、重度知的障害者について、特例的に実雇用率の算定対象（1人0.5カウント）とする	2024年4月1日
（2）精神障害者の算定特例の延長	・精神障害者である短時間労働者（週所定労働時間20時間以上30時間未満）1人を1カウント（本来0.5カウント）する特例を当分の間継続する ・「新規雇入れ又は手帳取得から3年」の要件を撤廃	2023年4月1日以降も継続
2. 障害者雇用の質の向上		
（3）事業主の責務の明確化	・事業主の責務として、適正な雇用の場の提供や適性な雇用管理などに加え、「職業能力の開発及び向上に関する措置」を行うことを盛り込む	2023年4月1日
（4）障害者雇用調整金・報奨金の調整	・調整金支給対象人数が10人を超える場合、超過人数分1人当たりの支給額を月2.3万円（現行額比6,000円減）とする ・報奨金支給対象人数が35人を超える場合、超過人数分1人当たりの支給額を月1.6万円（同5,000円減）とする	2024年4月1日 ※2025年度の支給から反映
（5）助成金の新設・拡充	・中高年齢等高齢者の雇用継続のための取組みに対する助成金の新設 ・障害者雇用に関する相談援助を行う事業主に対する助成金の新設 ・事業主のニーズ等を踏まえた既存の助成金の拡充	2024年4月1日
3. その他		
（6）除外率の引下げ	・経過措置として段階的に引下げ・縮小されてきた除外率について、一律に10ポイント引き下げる	2025年7月1日

---

[181] 2023年3月末までは、「精神障害者である短時間労働者で、①新規雇入れから3年以内の者、または精神障害者保健福祉手帳取得から3年以内の者、②2023年3月31日までに雇入れられ、精神障害者保健福祉手帳を取得した者の要件をいずれも満たす者は1人を1カウント（本来0.5カウント）とする」とされていた。

[182] 都道府県労働局長の認定を受け、障害者の雇入れや雇用継続を図るために必要な一連の雇用管理に関する援助事業を行う事業者に対して支給される。

[183] 具体的な拡充内容として、①職場介助者の助成金について、障害内容を問わない支給条件と支給額の統一化、キャリアコンサルタントの配置や委嘱への支援対象の拡大、②職場適応援助者への支給額引上げと支給条件の緩和、③重度障害者の自律的な通勤に対して支給される助成期間の延長などが予定されている。

TOPICS

就業調整（年収の壁）に関する動向

　一定の年収を超えないように、就業する時間や日数を調整して働く「就業調整」は、有期雇用等労働者、とりわけ配偶者のいる女性の有期雇用等労働者に多く見られ、就業意欲や活躍を阻害する一因と指摘されている。こうした中、近年、最低賃金の大幅な引上げが実施され、就業調整を行っている労働者にとっては、年収の上限が変わらないまま賃金（時給）が上昇したことで、働くことのできる時間が年々短くなっている。その結果、有期雇用等労働者の多い業種[184]を中心に、特に年末において労働力の確保が困難な状況に陥っている。

　ここでは、就業調整の状況を整理するとともに、現制度における「103万円の壁」（所得税、配偶者手当）、「106万円・130万円の壁」（社会保険）のほか、就業調整（年収の壁）に関する政府の動向を紹介する。

（1）就業調整の実施状況等

　厚生労働省「令和3年パートタイム・有期雇用労働者総合実態調査」によると、パートタイム労働者（無期雇用・有期雇用）および有期雇用労働者（フルタイム・パートタイム）の13.4%が就業調整を実施している[185]。「有期雇用労働者（パートタイム）」では17.8%、さらに「有期雇用労働者（パートタイム）」の「有配偶者・女」では26.4%に上昇する。

▨ 図 表 1-18　就業調整をしているパートタイム・有期雇用労働者の割合

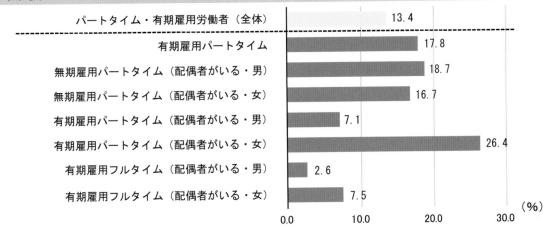

注1：この調査の「パートタイム・有期雇用労働者」とは、企業に直接雇用されている労働者で、①無期雇用パートタイム、②有期雇用パートタイム、③有期雇用フルタイムの労働者をいう。
注2：数値は、パートタイム・有期雇用労働者計を100とした就業調整をしている労働者の割合。
出典：厚生労働省「令和3年パートタイム・有期雇用労働者総合実態調査」をもとに経団連事務局にて作成

---

[184] 総務省「労働力調査」（2023年5月）によると、役員を除く雇用者に占める有期雇用等労働者の割合は「宿泊業、飲食サービス業」（74.9%）、「生活関連サービス業、娯楽業」（55.0%）、「卸売業、小売業」（49.6%）。
[185] 厚生労働省「令和4年就業構造基本調査」によると、有期雇用等労働者のうち、就業調整をしている人の雇用形態別の割合（「就業調整をしている」または「就業調整をしていない」と回答した人数に対する「就業調整をしている」と答えた人数）は、パート（37.1%）、アルバイト（31.6%）、派遣社員（11.3%）、契約社員（7.8%）、嘱託（6.8%）、その他（7.1%）、フリーランス（6.8%）の順であった。

また、就業調整を行う理由（複数回答）としては、57.3％の労働者が社会保険の被扶養者としての認定基準（130万円）を挙げているほか、所得税の非課税限度額（103万円）を意識して就業調整を行っている労働者が49.6％、配偶者手当がもらえなくなると回答した労働者は15.4％となっている[186]。

（2）「103万円の壁」

　就業調整の一因に、所得税の課税対象基準を境とする「103万円の壁」がある。

　納税者の被扶養者である配偶者が給与所得者である場合、当該配偶者の給与収入額が103万円以下[187]であれば、当該配偶者に所得税は課税されない上、給与所得者である納税者本人が最大で年38万円の配偶者控除を受けられるため、103万円が心理的な壁となり、配偶者が103万円を超えないように就業調整を行う理由の1つとされる[188]。

　また、企業が配偶者手当を支給する基準を所得税法上の控除対象配偶者（年収103万円以下）としている場合、103万円を超えた場合の収入増よりも、配偶者手当不支給に伴う収入減が多ければ、就業調整の一因となり得る。

（3）「106万円・130万円の壁」

　厚生年金保険や健康保険など社会保険に加入する収入の基準を境とする「106万円・130万円の壁」は、就業調整を行う主な要因となっている。

　一定規模以上の企業[189]で働く有期雇用等労働者は、年収「106万円」を超えると、勤務先の社会保険に加入し、厚生年金保険料や健康保険料を負担する義務が生じる。「106万円」の適用要件を下回る従業員数の企業で働く被扶養者は、年収「130万円」を超えると、配偶者の扶養から外れ、国民年金保険料や国民健康保険料を負担する義務が生じる。

---

[186] 扶養家族をもつ従業員に対して、扶養家族に応じて支給される手当（家族手当や扶養手当など）のうち、配偶者を対象に支給されるもの。詳細は149頁TOPICS「配偶者手当の現状と課題」参照。

[187] 所得税は、「収入－必要経費」を所得として課税される。「必要経費」が103万円（2020年分以降は基礎控除額48万円＋給与控除額最低額55万円）であることにより、給与所得者の給与収入が103万円以下の場合には所得税は課税されない。

[188] 1987年、1988年の抜本的税制改革において、配偶者特別控除が導入されたことで、税制上は世帯の手取り額の逆転現象（配偶者の給与収入が一定額を超えた場合に配偶者控除が適用されなくなることで、世帯の手取り額が減少してしまうこと）はなくなり、世帯単位では103万円の壁は解消されている。さらに、2017年度税制改正により、配偶者特別控除が満額（38万円）適用される給与収入額の上限は103万円から150万円に引き上げられた。

[189] 従業員数が常時101人以上の企業（2024年10月からは51人以上の企業に拡大）。このほか、以下のすべての条件（①賃金の月額が8.8万円以上、②週の所定労働時間が20時間以上30時間未満、③2ヵ月を超える雇用の見込み、④学生でないこと）を満たすと、勤務先で厚生年金保険・健康保険への加入が義務付けられる。

（4）「年収の壁」に関する政府の動向

政府は、2023年6月に閣議決定した「こども未来戦略方針」[190]と「経済財政運営と改革の基本方針2023」[191]を受け、2023年9月に「年収の壁・支援強化パッケージ」を公表した。これは、短時間労働者が年収の壁を意識せずに働くことができる環境整備のための当面の対応を示したもので、2025年度に予定されている年金制度改正までの「つなぎの措置」とされている。今後、政府において、働き方に対して中立的な制度の構築に向けた抜本的な議論が必要である。

106万円の壁への対応としては、①キャリアアップ助成金のコースの新設、②社会保険適用促進手当の標準報酬算定除外が実施される。

①は、キャリアアップ助成金（雇用保険二事業）に新たなコースを設け、短時間労働者が被用者保険（厚生年金保険・健康保険）の適用による手取り収入の減少を意識せず働くことができるよう、最大3年間、労働者の収入を増加させる取組みを行った事業主に対して最大50万円を支援するもので、取組みには②「社会保険適用促進手当」の支給も含まれるとされている。

②は、事業主が支給した「社会保険適用促進手当」について、労使双方の保険料負担を軽減するため、新たに発生した本人負担分の保険料相当額を上限として、最大2年間、被保険者の標準報酬月額や賞与額の算定から除外する（含めない）という措置である。

130万円の壁への対応としては、事業主の証明による被扶養者認定の円滑化を行うとされた。具体的には、被扶養者が労働時間を延長し、それによる収入変動が生じて年収130万円を超えた場合に、一時的な収入変動である旨の事業主証明を添付することにより、被扶養者認定の継続が可能となる。

企業の配偶者手当への対応では、特に中小企業における見直し促進のため、その手順を示した資料の公表や、セミナーの実施、中小企業団体等を通じた周知を挙げている。

なお、勤務先の社会保険に加入することは、当該労働者にとって、社会保険料負担は増えるものの、老齢厚生年金が上乗せされ、将来受給できる年金額が増えるなどのメリットをはじめ、前向きなメッセージを広く社会に伝えていくことも重要である[192]。

---

[190] 「こども未来戦略方針」では、少子化対策のため今後3年間に集中的に取り組む「加速化プラン」の一つとして、「いわゆる106万円・130万円の壁を意識せずに働くことが可能となるよう、短時間労働者への被用者保険の適用拡大、最低賃金の引上げに引き続き取り組む」とされている。

[191] 「経済財政運営と改革の基本方針2023」では、「勤労者皆保険の実現、年齢や性別にかかわらず働き方に中立的な社会保障制度の構築に向け、企業規模要件の撤廃など短時間労働者への被用者保険の適用拡大、常時5人以上を使用する個人事業所の非適用業種の解消等について次期年金制度改正に向けて検討するほか、いわゆる『年収の壁』について、当面の対応として被用者が新たに106万円の壁を超えても手取りの逆転を生じさせない取組の支援などを本年中に決定した上で実行し、さらに、制度の見直しに取り組む」とある。

[192] 厚生労働省ホームページ「社会保険適用拡大特設サイト」などを参照。

TOPICS

人材投資額・ＯＪＴ実施率の国際比較

（1）マクロの人材投資額・能力開発費[193]（GDP比）

　わが国における人材投資額[194]は1998年をピークに減少した後、2003年に再び増加した。しかし2006年から再び減少に転じ、2010年以降はほぼ横ばいで推移している。製造業とサービス業に分けてみると、製造業は多少の増減はあるものの年間4,000億円前後で推移している。一方、サービス業は16,686億円（1995年）から12,804億円（2018年）に大きく減少（約4,000億円）している。

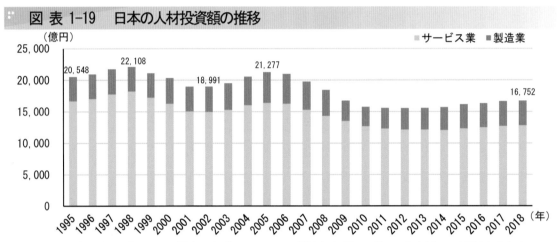

図表 1-19　日本の人材投資額の推移

出典：経済産業研究所「日本の人的資本投資について-人的資源価値の計測と生産性との関係を中心として-」
　　　（2022年5月）をもとに経団連事務局にて作成

　ＧＤＰに占める企業の能力開発費[195]の割合を国際的に比較してみると、2010～2014年における日本の水準（0.10%）は、同期間の米国（2.08%）やフランス（1.78%）、ドイツ（1.20%）、イタリア（1.09%）、英国（1.06%）よりかなり低い水準にある。また、1995～1999年以降の経年的な変化をみると、米国は1%台から上昇して2%台前半を維持している。フランスも多

---

[193] 本稿では、「人材投資額」は企業が社員の育成や能力向上にどのくらいの投資を行ったかの指標であり、人材の総合的な価値・エンプロイアビリティ向上を目的とした投資額のこと、「能力開発費」は企業が社員の研修・セミナー等の実施に要した額であり、具体的な能力開発・スキルアップを目的とした費用と整理している。

[194] 経済産業研究所「JIPデータベース2021」における名目の「企業特殊的人的資本」の数値を使用。算出は、厚生労働省「就労条件総合調査」を用いて産業ごとの総労働費用に占める職場外研修費用の比率を計算し、この比率をJIP2018データベースの労働費用に掛け合わせて、各産業における企業の職場外研修費用を求めている。また、職場外研修費用における時間的損失については、厚生労働省「業績主義の人事整理と教育・訓練投資に関する調査」を用いて、訓練への投資に占める職業研修等への割合を推計した上で、企業の職場外研修費用（1998年）について直接費用に対する機会費用の比率の平均値を算出している。その値（1.51）を使って、職場外の研修を行うことによる機会費用を推計している。そのため、人材投資額には、職場外研修費用とその機会費用が含まれている。

[195] 厚生労働省「平成30年版 労働経済の分析-働き方の多様化に応じた人材育成の在り方について-」。内閣府「国民経済計算」、経済産業研究所「JIPデータベース」、INTAN-Invest「INTAN-Invest database」を利用して学習院大学経済学部宮川努教授が推計。ここでは、企業の研修費用を示すＯｆｆ－ＪＴの額を指しており、ＯＪＴに要する費用は含まれない。

少の増減はあるものの上昇している。他方、ドイツとイタリアはほぼ横ばい、英国と日本は低下傾向にある。

　日本企業の人材育成は人材投資額・能力開発費において国際的に低い水準となっている。ただし、人材投資額や能力開発費といった把握可能なデータはＯｆｆ－ＪＴの額が中心であり、ＯＪＴの額が十分反映されていない可能性がある[196]。

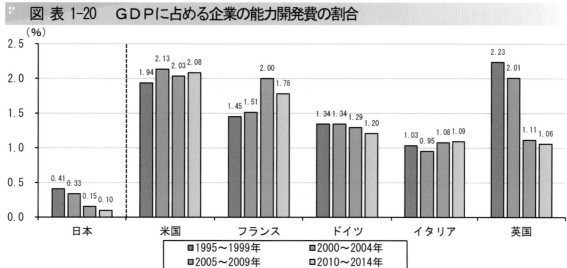

図表 1-20　　GDPに占める企業の能力開発費の割合

注：能力開発費が実質GDPに占める割合の5ヵ年平均の推移を示している。
出典：厚生労働省「平成30年版 労働経済の分析-働き方の多様化に応じた人材育成の在り方について-」をもとに経団連事務局にて作成

（2）ＯＪＴ実施率の国際比較

　ＯＪＴの実施率[197]を国際比較すると、スウェーデンやフィンランド、オランダ、デンマーク、米国、ノルウェーは男女ともにＯＥＣＤ平均を大きく上回っており、女性の実施率は男性より高くなっている。それに対し、日本は男性50.7％、女性45.5％とＯＥＣＤ平均（男性55.1％、女性57.0％）をいずれも下回っている。特に、ＯＥＣＤ平均との乖離（男性4.4ポイント、女性11.5ポイント）が女性で顕著となっている。

　ただし、ＯＪＴについて、日本では、職場で仕事をやりながら上司や先輩等が適宜指導して仕事を覚えていく訓練であるのに対し、海外では、訓練の場所に関係なく、在職中に行われる

---

[196] 厚生労働省「平成30年版 労働経済の分析-働き方の多様化に応じた人材育成の在り方について-」によると、ＯＥＣＤでは、能力開発を①職場外で計画的に行われる訓練であって大学などの教育機関において学位の取得を目的とする「formal training」、②計画的に実施される職業訓練でありセミナーやワークショップの形式で行われる形式も包む「ＯＪＴ（On-the-Job Training）」、③職場において日常な業務の中で上司や同僚から学ぶ「informal learning」の3つに分類しており、ここでの「Ｏｆｆ－ＪＴ」は①「formal training」を指していることに留意が必要としている。

[197] ＯＥＣＤ「国際成人力調査（ＰＩＡＡＣ）」からの引用。「この1年間に、実践研修（ＯＪＴ）や上司または同僚による研修に参加したことがあるか」などに関する回答結果に基づいている。

企業内訓練のことを指す場合が多い[198]。国際比較にあたっては、こうした定義の違いも十分踏まえる必要がある[199]。

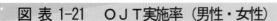

図 表 1-21　ＯＪＴ実施率（男性・女性）

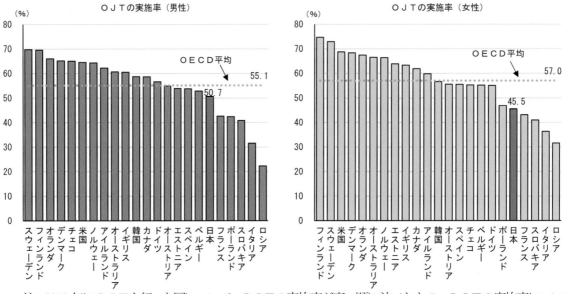

注：2012年にＯＪＴを行った国について、ＯＪＴの実施率が高い順に並べたもの。ＯＪＴの実施率については、ＯＥＣＤ「国際成人力調査（ＰＩＡＡＣ）」から引用している。
出典：厚生労働省「平成30年版 労働経済の分析-働き方の多様化に応じた人材育成の在り方について-」

　また、「労働者の能力不足に直面している」企業の割合をみると、ＯＥＣＤ諸国の中で、日本（81％）が最も高く、Ｇ7各国（英国12％～ドイツ・米国40％）との比較においても日本は突出している[200]。この要因としては、ＯＪＴを行う側の能力不足や場当たり的な実施、職務内容と働き手のスキル等とのミスマッチ[201]などが考えられる。ＯＪＴ実施者の能力向上や計画的なＯＪＴの実施に取り組むとともに、能力開発・スキルアップ等を通じて、職務内容とスキル等とのミスマッチを解消していく必要がある。

　「人」を起点としたイノベーション創出の重要性が高まる中、能力開発やスキルアップなど人材育成については、企業の規模や業種、働き手の職種や雇用形態等にかかわらず、「人への投資」と位置付けた積極的な検討が望まれる。

---

[198] 労働政策研究・研修機構「日本労働研究雑誌 2020年2・3月号」の「日本のＯＪＴとＰＩＡＡＣ調査」（三谷直紀 岡山商科大学教授）

[199] 厚生労働省「平成30年版 労働経済の分析-働き方の多様化に応じた人材育成の在り方について-」

[200] 厚生労働省「平成30年版 労働経済の分析-働き方の多様化に応じた人材育成の在り方について-」。労働者の能力不足に直面している企業の割合については、日本が81％であるのに対し、ドイツと米国が40％、イタリアが34％、カナダが31％、フランスが21％、英国が12％であった、

[201] 厚生労働省「平成30年版 労働経済の分析-働き方の多様化に応じた人材育成の在り方について-」によると、スキル等のミスマッチは、ＯＥＣＤ諸国で日本（68.2％）が最も高い（フランス64.6％、イタリアと英国64.4％、米国59.0％、カナダ53.1％、ドイツ46.7％）。

TOPICS

採用活動に関する日程ルールの歴史と現状

採用活動に関する日程ルール（以下、「採用活動日程ルール」）は、秩序ある就職・採用活動の実現、とりわけ、早期化・長期化による学業への影響に配慮して策定されてきた。採用活動日程ルールの端緒は、就職問題懇談会（後述）において選考開始時期等に関する「申合せ」が行われた戦後初期まで遡る。その後、採用活動の早期化とルールの形骸化を繰り返す中で、策定主体やルールの性格などに変更を加えながら現在に至っている。本稿では、その歴史を振り返る。

（1）採用活動日程ルールの歴史

①1953〜1972年の「申合せ」、②1972〜1997年の「就職協定」、③1997〜2013年の「採用選考に関する企業の倫理憲章」、④2013〜2018年の「採用選考に関する指針」、⑤2018年以降の「政府要請」（現在）の5期に大別される。

図表 1-22　採用活動日程ルールの歴史（概観）

```
①産業界・大学による申合せ
1953〜1972年（1954〜1973年入社対応）
        ↓
②就職協定
1972〜1997年（1974〜1997年入社対応）
        ↓
③採用選考に関する企業の倫理憲章
1997〜2013年（1998〜2015年入社対応）
        ↓
④採用選考に関する指針
2013〜2018年（2016〜2020年入社対応）
        ↓
⑤政府要請
2018年〜現在（2021年入社対応〜）
```

① 「申合せ」（1953〜1972年）

戦後復興等による人材不足のため、企業の採用試験の時期が早期化し、学生の学業への影響が懸念されたことを受け、1953年、文部省・大学・産業界の各代表で構成された就職問題懇談会において「申合せ」を行い、大学生の推薦時期や採用選考の開始時期が定められた。ただ、その後の好景気（1954〜1957年の神武景気、1958〜1961年の岩戸景気）に伴う求人難により採用活動がさらに早期化したことを受けて形骸化した。

こうした状況を受けて、1962 年に、労働問題専門の経営者団体である日本経営者団体連盟（日経連）が、守られない申合せを維持することは「業界の良心が許さない」として、同年の採用選考期日を定めないと宣言し、以降 10 年間は、大学側のみで申合せが行われた。

② 「就職協定」（1972～1997 年）

混乱する就職・採用活動を受けて、1972 年に労働省が主導し、日経連や日本商工会議所などからなる中央雇用対策協議会が設立され、就職・採用日程等に関する決議（就職協定）がなされた。当初の就職協定は、求人活動開始が 5 月 1 日以降、採用選考開始が 7 月 1 日以降とされた。その後、就職協定が廃止される 1997 年まで、検討主体[202]や選考開始日などの具体的な時期[203]等にかかる変更はされたものの、協定の大枠は維持された。

③ 「採用選考に関する企業の倫理憲章」（1997～2013 年）

日経連は「就職協定は形式的なものとなり、正直者が馬鹿をみるような状況であれば、続ける意味がない」として、1996 年に協定廃止の方針を打ち出すとともに、経済界の自主的なガイドラインとして「新規学卒者採用・選考に関する企業の倫理憲章」を策定した[204]。

正式に就職協定が廃止された 1997 年以降、企業側が倫理憲章、大学側が申合せという各々が自主的に定めた行動規範を相互に尊重しながら、自己責任の原則の下で、就職・採用活動が進められた。当初の倫理憲章は、採用情報の早期公開、公平・公正な採用活動、学事日程の尊重などのほか、内定開始日を 10 月 1 日以降と規定していた[205]。

④ 「採用選考に関する指針」（2013～2018 年）

2013 年に政府から、大学生が勉強に集中できる期間を長く確保するために採用活動時期の繰り下げの検討が要請されたことを受け、経団連は、広報活動を 3 月 1 日以降、採用選考活動を 8 月 1 日以降、内定開始日を 10 月 1 日以降とした。あわせて、全会員企業が遵守すべきものとして、倫理憲章を「採用選考に関する指針」（以下、「指針」）に変更した。その後、2015 年（2017 年入社対応）に採用選考活動の開始時期を 6 月 1 日以降に変更して以降、指針が廃止される 2018 年（2020 年入社対応）まで継続した。

---

[202] 1982 年から労働省が加わらないこととなり、以降は産業界と大学による紳士協定となった。

[203] 1976 年に会社訪問解禁日を 10 月 1 日、採用選考開始日を 11 月 1 日とする最初の変更がなされた後、都度、変更が加えられた。就職協定による最後の採用活動（1996 年）は、説明会開始日が 7 月 1 日、採用選考開始日が 8 月 1 日前後、採用内定開始日が 10 月 1 日というスケジュールの下で行われた。

[204] 本決定の背景には、グローバルな競争を強いられる時代にあって雇用形態の多様化や通年採用の拡大等が進んでいたこと、就職協定遵守懇談会（就職協定の実効性を担保することを目的に、日本の主要企業約 300 社によって構成。オブザーバーとして文部省、労働省が参加）の参加企業だけが協定を遵守しても、その効果は限定的であること、協定期日前に特定の学生を対象とした水面下の活動が行われ、学生を翻弄させる結果となっていたことなどが挙げられる。

[205] その後、2000 年に選考開始時期を 4 月 1 日、2011 年に広報活動開始時期を 12 月 1 日と追加規定した。

（2）採用活動日程ルールの現状

　経団連は2018年、採用選考活動のように広く社会全般にかかる一定のルールの策定にあたっては、国全体の問題として、政府や大学、経済界など幅広い関係者で議論する必要があることなどを理由として、2020年入社の学生を対象とした指針を最後に、策定しないことを表明した。

　以降、政府の「就職・採用活動日程に関する関係省庁連絡会議」において、就職・採用活動に関する政府要請を策定・公表し、経済団体等に要請する枠組みとなり、現在も続いている。

　直近の2024年度卒業・修了予定者を対象とした政府要請[206]では、就職・採用活動日程ルールについて、広報活動を3月1日以降、選考活動を6月1日以降、正式な内定日を10月1日以降としている。

図 表 1-23　政府要請における就職・採用活動日程ルール

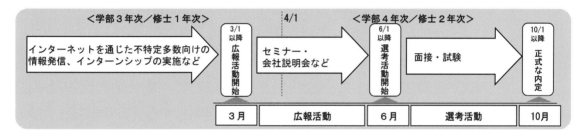

　他方、人手不足等を理由に、就職・採用活動がさらに早期化し、採用活動日程ルールの形骸化を指摘する声が高まっている。採用活動日程ルールは、早期化と形骸化、それに伴う変更を繰り返しながら、秩序ある就職・採用活動の実現に一定の役割を果たしてきた面はある。

　他方、通年採用や経験者採用の活用といった採用方法の多様化や、ジョブ型雇用の導入・拡大など雇用システムが変容する中、採用活動日程のルールのあり方に関して抜本的な検討が必要な時期に来ているといえる。

---

[206] 詳細は24頁「（b）就職・採用活動日程ルール」参照。

TOPICS

日本型雇用システム（メンバーシップ型雇用）に関する考察

（1）日本型雇用システムの特徴・メリット

　日本型雇用システムは、①新卒一括採用、②長期・終身雇用、③年功型賃金、④企業内人材育成などが主な特徴とされ、大企業を中心に導入されている。

　「新卒一括採用」は、高校や大学等を新たに卒業する生徒・学生を企業に属するメンバー（社員）として一定時期にまとめて採用する手法である。企業にとっては、計画的で安定的な採用が実施しやすいほか、企業が学生等に毎年多くの就職機会を提供していることは、日本の若年者の失業率が国際的に低い要因の1つと考えられる[207]。

　新卒一括採用した新入社員に対し、企業は、ＯＪＴを中心とする「企業内人材育成」の下、職務を限定せずに異動等を通じて自社内の様々な職務を経験させ、中長期的な視点で自社に適した社員へと育成している。この結果、多くの社員が多様な職能を習得するとともに、自社の事業活動に対する多面的な理解が進み、業務改善や新技術導入時の協力が得られやすいことなどが、日本企業の強みや競争力の源泉の一因とされる。

　また、定年までの勤続を前提とした「長期・終身雇用」の下で、年齢や勤続年数の上昇に伴い職務遂行能力（職能）も向上するとの考えに基づいて毎年昇給する「年功型賃金」により、社員は人生設計を立てやすく、雇用と経済面での一定の安心感となって、社員の高い定着率とロイヤリティの実現に寄与している面がある。

　こうした特徴・メリットを有する日本型雇用システムは「メンバーシップ型」雇用と称される。特定の役割・ポストに空きが生じた際に、その職務（ジョブ）・役割を遂行できる能力や資格等を有する人材を社外からの採用あるいは社内での公募によって対応する「ジョブ型」雇用[208]と比較されることが多い。

（2）　顕在化してきた様々な課題

　メンバーシップ型雇用による日本型雇用システムには様々なメリットがある一方で、経営環境や働き手の意識の変化などに伴い、様々な課題が顕在化している。

　新卒一括採用を重視している企業においては、経験者採用枠が相対的に抑制され、新卒時以外の入社機会が限られることで、例えば起業等に失敗した者が企業に就職する機会を狭め、労働移動を阻害している可能性がある。大企業による新卒一括の大量採用が、中小企業やスタートアップ企業における人材採用を困難にしているとの指摘もある。また、経営環境が厳しく企

---

[207] OECD「Labour Force Statistics」によると、主要先進国の若年者（15〜24歳）の失業率（2022年）は、独5.9%、米国8.1%、英国10.5%、仏17.3%に対し、日本は4.3%となっている。

[208] 詳細は74頁 TOPICS「ジョブ型雇用の現状と検討のポイント」参照。

業が新卒採用を控えた時期に学校を卒業した若年者が希望する職に就けず、その後の再チャレンジも難しかったことが、就職氷河期世代を生み出した要因の1つともいわれている。

　年功型賃金は、年齢や勤続年数の上昇に伴い職能も向上することを前提にしており、実際に発揮した職能・成果と賃金水準との間に乖離が生じやすい問題を内包している。さらに、年功型賃金の下では、若い社員ほど賃金水準が総じて低い上、成果や業績が昇給・昇格等の処遇に反映されにくく、若年社員の早期退職の要因の一つとの指摘もある。また、年功型賃金が同じ企業で働き続けることの誘因となり、転職を含めたキャリア形成の検討を阻害しているほか、長期・終身雇用が、働き手の主体的なキャリア形成意識や、能力開発・スキルアップに向けた動機・意欲を持ちにくくしている可能性がある。

　ＯＪＴを中心とした企業内人材育成では、自社以外の企業からも評価され、雇用され得る能力である「エンプロイアビリティ」の高い人材は育成されにくい。その結果、労働移動が進まず、わが国の外部労働市場の未発達の一因との指摘がある。加えて、企業主導の人事異動では、企業の意向と働き手の希望との間にミスマッチが生じやすく、エンゲージメントの低下や若年社員の早期退職を招いていることも考えられる。

図表 1-24　日本型雇用システムの特徴・メリットと課題

①新卒一括採用
・計画的で安定的な採用がしやすい
・企業が毎年、若年者に新たな就業機会を多く提供している
・日本の若年者の失業率が国際的に低い大きな要因となっている

②長期・終身雇用
・社員は雇用の安心感をもち、企業は労働力を長期にわたって維持・確保できる
・社員の高い定着率とロイヤリティに寄与
・長年の人事異動を通じて、自社の事業活動を多面的に理解できる

③年功型賃金
・年齢や勤続年数の上昇に伴って職能が向上することを前提に毎年昇給する
・経済面での安定が社員の定着に寄与
・職務変更等で賃金額改定が不要な職能給は職能向上と人材育成がしやすい

④ＯＪＴ中心の企業内人材育成
・入社後、ＯＪＴを中心に業務遂行を通じて育成する　・企業主導の異動等によって、自社に適した人材を育成しやすい
・社内の様々な仕事の経験を通じて、多くの社員が多様な職能を備えられる

経営環境や働き手の意識等の変化

顕在化している様々な課題

○新卒時以外の入社機会が限られる
○相対的に経験者採用が抑制される
○中小企業やスタートアップ企業による必要な人材の獲得を困難にしている
○起業等に失敗した者が企業に就職して再チャレンジする機会を狭めている

○年功型賃金が、同じ企業で働き続けることを誘因し、転職を含めたキャリア形成の検討を阻害
○長期・終身雇用が、働き手の能力開発・スキルアップに向けた意欲を低下
○多くの企業が導入している職能給は、年功的運用に陥りやすく、毎年自動的に昇給する年功型賃金では、実際に発揮した職能・成果と賃金水準との間に乖離が生じやすい
○ジョブ型雇用の導入・活用を阻害しているほか、転職等の労働移動を抑制している一因

○エンプロイアビリティの高い人材が育成されにくい
○主体的なキャリア形成を阻害し、エンゲージメントの低下を招いている可能性
○企業主導の人事異動が、企業の意向と働き手の希望の間にミスマッチを生じやすくしている

　こうした中、日本型雇用システムは、経営環境等の変化に対応して、大企業を中心に再点検・見直しが進められている。各企業が、日本型雇用システム（メンバーシップ型雇用）の持つメリットを活かしながら、ジョブ型雇用の導入・拡充を含めた検討を行い、自社にとって最適な雇用システム[209]を確立することが望まれる。

---

[209] 経団連では「自社型雇用システム」と称して、その確立の検討を呼びかけている。

TOPICS

ジョブ型雇用の現状と検討のポイント

（1）ジョブ型雇用とは

　一般的に、ジョブ型雇用は、社内で特定の役割・ポストに空きが生じた際に、その職務（ジョブ）・役割を遂行できる知識や能力、経験、資格等を有する人材を社外からの採用あるいは社内での公募によって確保し、職務の内容や価値に見合った賃金で処遇する雇用形態をいう。

　ジョブ型雇用は、新卒者・経験者、国籍を問わず、その時の自社に必要な知識や能力、経験、専門性等を有した多様な人材を採用し、その活躍推進に寄与する。特に、新しい事業分野等に進出する企業においては、その分野に精通した人材を社外だけでなく海外からも確保しやすい面がある。また、募集している職務・役割、処遇を企業があらかじめ明示し、それに納得した働き手が当該職務に従事することから、雇用のミスマッチが生じにくい上、働き手が高いエンゲージメントをもちながら日々の業務に前向きに取り組むことが期待できる。

（2）ジョブ型雇用・職務給の現状

① ジョブ型雇用の導入状況

　経団連の調査によると、正社員の雇用区分において（複数回答）、職務・仕事別（ジョブ型）の区分を「導入している（導入予定・検討中含む）」との回答は25.2%[210]となっている。その導入理由（複数回答）では、「専門性を持つ社員の重要性が高まったため」（60.2%）が最も多く、以下「仕事・役割・貢献を適正に処遇へ反映するため」（59.2%）、「優秀な人材を確保・定着させるため」（53.4%）の順となっている。

　ジョブ型雇用の適用範囲（複数回答）については、「社員全員」（23.7%）と「管理職全員」（22.0%）が2割程度であるのに対し、「管理職の一部」（32.2%）と「一般社員（非管理職）の一部」（39.0%）は3割超となっており、一部の社員を対象とする導入割合のほうが高い。

　職務・仕事別では、「システム・デジタル・IT」が70.8%で最も高く、一定の専門性を必要とするその他の職種においても50%を超えている。専門性の高い職種との親和性の高いことが改めて確認できる。

---

[210] このうち、「導入済み」は35.0%、「導入予定」は17.0%、「導入を検討中」は48.0%となっている。

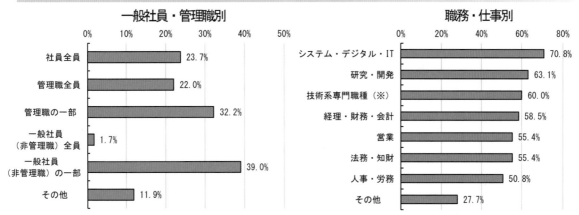

図 表 1-25　ジョブ型雇用の適用範囲（複数回答）

一般社員・管理職別

社員全員	23.7%
管理職全員	22.0%
管理職の一部	32.2%
一般社員（非管理職）全員	1.7%
一般社員（非管理職）の一部	39.0%
その他	11.9%

職務・仕事別

システム・デジタル・IT	70.8%
研究・開発	63.1%
技術系専門職種（※）	60.0%
経理・財務・会計	58.5%
営業	55.4%
法務・知財	55.4%
人事・労務	50.8%
その他	27.7%

注1：「ジョブ型雇用の導入状況」（複数回答）で「職務・仕事別（ジョブ型）」の雇用区分を導入していると回答した企業（25.2%）企業が対象。
注2：「技術専門職種」は「システム・デジタル・IT」と「研究・開発」を除く。
出典：経団連「2020年人事・労務に関するトップ・マネジメント調査結果」

② 職務給・役割給の導入状況

　次に、ジョブ型雇用と親和性が高いとされる職務給・役割給の導入状況を確認する。労務行政研究所の調査で基本給を構成する賃金項目をみると（複数回答）、「職務給」は一般社員（24.6%）、管理職（26.1%）とも2割強とほぼ同程度の導入率となっている。一方、「役割給」は一般社員の24.6%に対し、管理職は44.2%と、管理職の導入率のほうが大きく上回っている（19.6ポイント差）。

　さらに、「職務給」「役割給」のレンジの設定状況を確認すると、担当職務等に変更がなければ賃金水準が変動しない単一給（シングルレート）は、職務給（一般職47.1%、管理職49.3%）ではほぼ同じであるのに対し、役割給（同46.3%、同53.7%）では管理職の方がやや高い。一方、一定の幅（上限額）を設けて昇降給する範囲給（レンジ給）は、職務給（一般職52.9%、管理職50.7%）、役割給（同53.7%、同46.3%）のいずれにおいても、一般職の導入率が管理職を上回っている。

図 表 1-26　基本給を構成する賃金項目の導入率（複数回答）

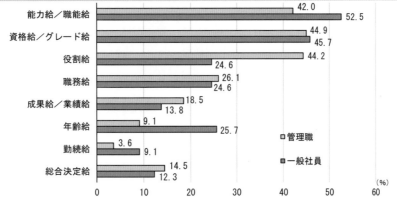

	管理職	一般社員
能力給／職能給	42.0	52.5
資格給／グレード給	44.9	45.7
役割給	44.2	24.6
職務給	26.1	24.6
成果給／業績給	18.5	13.8
年齢給	9.1	25.7
勤続給	3.6	9.1
総合決定給	14.5	12.3

出典：労務行政研究所「基本給と賞与の決定方法に関するアンケート」（2023年4月）をもとに経団連事務局にて作成

（3）導入・活用に向けた検討のポイント

ジョブ型雇用の導入にあたっては、社内の仕事（職務）を調査し、その価値を判断するために職務分析[211]を行い、その結果に基づいて職務記述書（ジョブ・ディスクリプション）[212]を作成する。その上で、適用範囲や賃金水準、処遇などを決定する。ここでは、ジョブ型雇用の導入・活用に向けた検討の際の主な論点を例示する。

① 職務調査・分析

社内にどのような仕事・職務が存在するかを調査（職務調査）してその価値等を分析（職務分析）することが、ジョブ型雇用導入の出発点となる。例えば、営業部で販売を主な仕事としている社員が、新製品の企画にも参画するなど複数の仕事を担っている場合には、販売と製品企画それぞれの内容を調査し、その職務価値を評価する必要がある。

② 適用範囲（職務と対象者）

適用する「職務」は、職務分析によってジョブ型雇用に適した職務を洗い出し、当該職務の遂行に必要な知識や能力、経験、技術・技能、資格等を明確にし、ジョブ・ディスクリプション（職務記述書）を作成して検討・判断する。職務記述書は、一度作成すればよいわけではなく、その後の職務内容の変化に応じた更新・メンテナンスが適宜必要なことが、ジョブ型雇用の導入・活用を妨げている一因との指摘がある。その対策としては、定型の書式・フォーマットを用いた簡易版の職務記述書の活用や、職務記述書の作成・更新スキルの習得・向上を目的とした研修の実施などが挙げられる。

適用する「対象者」は、導入当初から全社員とするのではなく、職掌・職群別、職種別、資格別、職務・役割等級別など区分ごとに適用していくことが現実的な対応といえる。実際、すでに導入している企業では、管理職への適用から始め、その後、対象を拡大している例が多い。また、一部の企業が導入している、職務をあらかじめ定めた「職務限定正社員」に適用することも一案となる。

③ 処遇制度

ジョブ型雇用は、担っている仕事・役割・貢献度と賃金水準との整合性が図りやすく、職務給や役割給との親和性が高いことから、これらの賃金項目の導入・活用が有効といえる。それに伴い、職務・役割等級制度による運用が想定される。賃金水準は、職務の価値や難易度、役割・ポストの重要度・責任の度合い等で決定するとともに、単一給（シングルレート）または範囲給（レンジ給）で運用するのかの検討も必要である。

---

[211] 課業を洗い出して一括りの職務とした上で、その遂行過程で求められる知識や能力、業務の負荷や難易度、職務価値などを明らかにする手法のこと。

[212] 職務分析によって引き出された職務情報を一定のルールに従って取りまとめた書面のこと。一連の業務フローごとに作成される業務手順書と異なり、担当者・個人を単位として、所属や職務の名称、職務の概要、遂行要件などが記載される。

④ 採用・人材育成

ジョブ型雇用では、当該職務・役割を遂行可能な即戦力となる経験者採用を中心に行っている企業が多い[213]。今後は、経験者に加えて新卒者も対象とした上で、一括採用だけでなく、通年採用の一層の活用が考えられる。一定の新卒採用枠をジョブ型の雇用区分に割り当て、当該社員自身による能力開発・スキルアップと、社内の人材育成を併用してジョブ型人材へと育成することが想定される。

⑤ キャリアパス

ジョブ型雇用では、年功的運用による昇進・昇格ではなく、人事評価と当該社員の意向等に基づいて、より上位の職務やポストに就けることで昇進・昇格を可能とする制度運用が考えられる。具体的には、社内公募制・ＦＡ制度の活用による運用が挙げられる。また、習熟期を経た中堅社員以降を対象に、当該社員の能力と意向、企業のニーズ等を踏まえ、メンバーシップ型からジョブ型の雇用区分に移行可能な制度の導入も一案となる。ジョブ型雇用区分からも、管理職や経営層に登用するキャリアパスを形成して実績を重ねることで、自社における複線型のキャリアパスを実感する社員の増加を通じたジョブ型雇用の定着と活用促進が期待できる。

図表 1-27　ジョブ型雇用の導入・活用に向けた主な論点（例）

項　目	導入・活用に向けた論点（例）
①職務調査・分析	・社内における仕事（職務）の現状調査・分析 ・職務分析によるジョブ型雇用に適した職務の洗い出し
②適用範囲 （職務と対象者）	・当該職務の遂行に必要な知識や技術・技能、資格等の明確化 ・職務記述書（ジョブ・ディスクリプション）の作成 　※定型の書式・フォーマットによる簡易版の活用、研修の実施など ・職掌・職群別、職種別、資格別、職務・役割等級別など区分ごとに対象を検討
③処遇制度	・職務の価値や難易度、役割・ポストの重要度・責任の度合いなどによって決定 　※職務給・仕事給、役割給の導入・活用、職務・役割等級制度による運用 ・単一給（シングル・レート）のほか、一定の幅（上限額）を設定した範囲給（レンジ・レート）での運用も選択肢 ・成果や業績を適切に処遇へ反映する人事評価の実施
④採用・人材育成	・経験者に加え、新卒者も対象　※一括採用だけでなく、通年採用をより活用 ・能力開発・スキルアップと社内の人材育成を併用したジョブ型人材への育成 ・高度な知識やスキル、能力開発が必要な場合におけるリスキリングやリカレント教育の活用
⑤キャリアパス	・より上位の職務やポスト就任に伴う昇進・昇格の実施 ・メンバーシップ型からジョブ型の雇用区分に移行可能な制度の導入 ・管理職や経営層へ登用していくキャリアパスの形成

ジョブ型雇用は、能力開発・スキルアップに励み、主体的にキャリア形成に取り組んでいる働き手にとって魅力的な制度となる。企業にとっても、働き手のエンゲージメント向上やイノベーション創出につながり、生産性の改善・向上が期待できる。

ジョブ型雇用の導入・活用の検討には、目的を明確にするとともに、労働組合等との議論が必要となる。とりわけ、ジョブ型雇用で働く社員が担っていた職務・役割が不要となった場合の対処方針を労使であらかじめ協議して定めておくことが望まれる。

---

[213] 経団連「2020 年人事・労務に関するトップ・マネジメント調査結果」によると、ジョブ型雇用の採用者のうち、経験者が73.5%を占めている。

TOPICS

雇用保険財政

（1）雇用保険の財政構造

　雇用保険財政は経済状況の変動による影響を強く受けることから、好況期に生じる剰余金を積み立てておき、不況期に増大する給付や事業の財源に充て、中期的に収支の均衡を図っている。失業等給付、育児休業給付、雇用保険二事業のそれぞれは区分経理され、失業等給付と育児休業給付は労使が折半で拠出する保険料と国庫負担[214]、雇用保険二事業は事業主からの保険料のみを財源としている。各年度の剰余金は、それぞれの勘定（積立金、育児休業給付資金、雇用安定資金）に積み立てられる。また、雇用保険の主な財源である雇用保険料の料率は、積立金や雇用安定資金の財政状況において一定の要件を満たす場合には、大臣告示により機動的に変更可能としている（弾力条項）。

図表 1-28　雇用保険の財政構造（イメージ図）

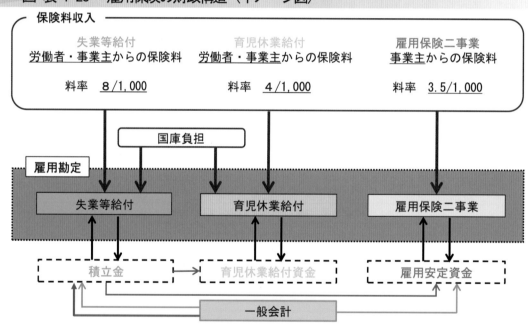

出典：厚生労働省資料をもとに経団連事務局にて作成

（2）失業等給付（積立金）と雇用保険二事業（雇用安定資金）の財政状況

　失業等給付の財政状況は、積立金の残高が2015年度に過去最高の6.43兆円を記録し、安定的な推移が見込まれていたことから、2017年と2020年に雇用保険法の改正および弾力条項の適用により、暫定的に2017～2021年の保険料率は本則よりも引き下げられていた。しかし、新型コロナウイルス感染症拡大の影響により、2020年度以降は雇用安定資金への貸出しによ

---

[214] 失業等給付の国庫負担は、雇用情勢および雇用保険の財政状況が悪化している場合は費用の1/4（日雇は1/3）、それ以外の場合は1/40（日雇は1/30）となっている。育児休業給付の国庫負担は、2024年度までの時限措置として本則（1/8）の10％の金額である費用の1/80に引き下げられている。

る支出が急激に膨らみ、2021年度の残高は1.25兆円となった。これを受け、2023年度は本則（0.8%）に復帰した（2023年度末の残高（見込）は1.12兆円）。

　他方、二事業にかかる雇用安定資金は、雇用保険二事業の1つである「雇用調整助成金」（雇調金）が、コロナ禍における雇用維持策として大幅に活用された結果[215]、失業等給付の積立金から累計3.36兆円（見込み）を借り入れているにもかかわらず、2020年度から3年度連続で残高「0円」で、2023年度も状況は変わらない見通しである。コロナ禍のような有事が再度発生した場合に必要な雇用対策を講じることができない、極めて危機的な状況といえる。

　そこで、積立金への返済のあり方を含め、雇用保険財政の早期健全化が求められている。議論に際しては、雇調金の特例措置が失業の予防に機能したことを踏まえ、その費用のすべてを事業主のみで負担している雇用保険二事業（雇用安定資金）で賄うことが適切なのか、労働者も受益者と考えられるのではないかといった観点からの検討が必要である。

図表 1-29　積立金と雇用安定資金の残高および保険料率の推移

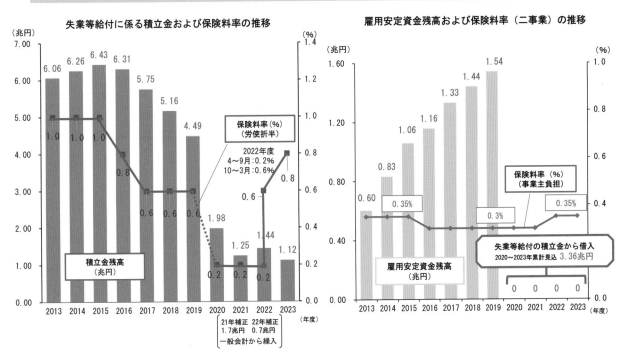

注1：2020年度から育児休業給付にかかる雇用保険料率(0.4%)を切り離している。
注2：両勘定の残高は2022年度までは決算額、2023年度は前年度の決算および2023年度当初予算を踏まえた見込額。
注3：2020〜2023年度の雇用安定資金残高には、失業等給付の積立金から借入れ額（2020年度：1兆3,951億円、2021年度：1兆4,447億円、2022年度：590億円、2023年度0.46兆円）を織り込んでいる。
出典：厚生労働省資料をもとに経団連事務局にて作成

---

[215] 2020年度から2023年3月までの期間に累計6兆円を超える支出が行われた。

（3）育児休業給付の財政状況と「こども未来戦略方針」

　育児休業給付における初回受給者数と給付額は近年、急激に増加している。特に、男性の給付額は19億円（2013年度）から、約28倍の535億円（2022年度）に跳ね上がっている。2022年10月には「出生時育児休業（「産後パパ育休」）」が創設され、育児休業の取得者はさらなる増加が見込まれており、育児休業給付の財政基盤の強化が必要である[216]。こうした状況を受け、育児休業給付の国庫負担割合（暫定措置として80分の1）を2024年度から本則（8分の1）に復帰させ、2025年度からは保険料率の本則を0.5%へ引き上げることとなった[217]。将来的な給付増を踏まえた負担のあり方については、保険料と国庫で相応に負担をすることを原則に、引き続き検討すべきである。

　また、2023年6月に閣議決定された「こども未来戦略方針」において、「共働き・共育ての推進」の具体的な施策[218]として記載されていた、育児休業給付の給付率引上げや「育児時短就業者給付」（仮称）を創設（財源は雇用保険料以外で賄う）[219]することとなった。

図表 1-30　育児休業給付の初回受給者数と給付額の推移

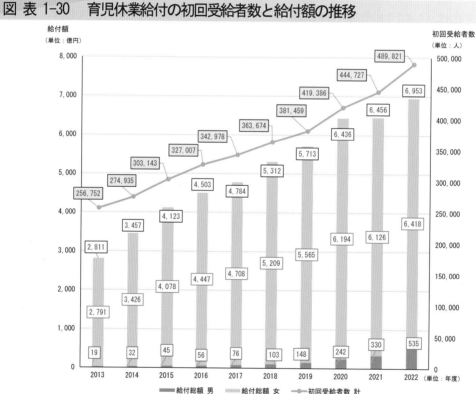

出典：厚生労働省資料をもとに経団連事務局にて作成

---

[216] 育児休業給付の2023年度末残高（見込み）は3,300億円で、差引剰余は2021年度1,249億円、2022年度780億円、2023年度200億円（見込み）と年々減少している。

[217] 労働政策審議会「雇用保険部会報告」（2024年1月）。あわせて、財政状況に応じ料率を調整する仕組みも導入、当面の料率は現行の0.4%に据え置かれる見込み。改正法案の可決、成立後、2024年度から施行予定。

[218] そのほか、雇用保険が適用されていない「週所定労働時間が20時間未満の労働者」への適用拡大に向けた検討や男性の育児休業取得率の目標引上げなどが示されている。

[219] 労働政策審議会「雇用保険部会報告」（2024年1月）。

TOPICS

労働力問題の現状

（1）マクロの人手不足の状況

わが国の総人口は 2008 年（1 億 2,808 万人）をピークに減少している。国立社会保障・人口問題研究所「日本の将来推計人口（令和5年推計）」（出生中位（死亡中位）推計）によれば、2070 年には 8,699 万人と 9,000 万人を割り込むと予測されている。生産年齢人口（15〜64 歳）も、2022 年の 7,421 万人から 2070 年には 4,535 万人まで大きく減少（2,886 万人減）する見通しである。

わが国の労働力不足は、生産年齢人口の減少とコロナ禍からの経済回復とが相まって、より深刻化している。日銀短観で雇用の過不足感をみると、コロナ禍初期の 2020 年前半から製造業を中心に人手不足感が一時和らいだことを除けば、製造業、非製造業とも人手不足感が再び強まっており、特に非製造業の状況が厳しい。

今後も、労働力問題の解消は見通せない状況が続く。リクルートワークス研究所の予測[20]によれば、2040 年にかけて、労働需要は緩やかに増加していく一方、労働供給は減少を続けるため、2030 年時点で約 340 万人、2040 年時点で約 1,100 万人の供給不足に陥ることが見込まれている。

図 表 1-31　全体の雇用の過不足感

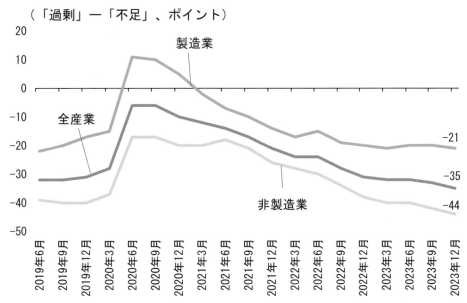

出典：日本銀行「全国企業短期経済観測調査（短観）」をもとに経団連事務局にて作成

---

[20] リクルートワークス研究所「未来予測 2040　労働供給制約社会がやってくる」（2023 年 3 月）のシミュレーション結果。2040 年には東京都以外のすべての道府県で労働供給が不足すると予測されている。

（2）企業規模別の状況

　人手不足感は、企業規模が小さくなるほど強い傾向にある。日銀短観で企業規模別の雇用の過不足感（2023年12月）をみると、大企業（－25）に対して、中小企業（－38）と、13ポイントの差が生じている。

　また、日本商工会議所の調査（2023年7～8月時点）によれば、7割近い中小企業（68.0%）が人手不足の状況にある[221]。コロナ禍前（2019年）を上回り、2015年の調査開始以来の最高水準を記録している[222]。

図表 1-32　企業規模別の雇用の過不足感

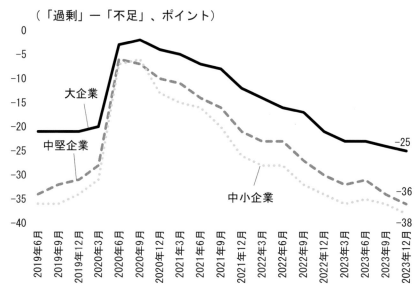

出典：日本銀行「全国企業短期経済観測調査（短観）」をもとに経団連事務局にて作成

（3）非製造業の状況

　製造業より人手不足が深刻な非製造業の状況を、特徴的な業種を中心にみてみる。

　最も変動幅が大きい宿泊・飲食サービスは、コロナ禍で一時過剰になったものの、4度目の緊急事態宣言が全面解除された2021年9月以降、再び人手不足の状況に陥っている（2023年12月－75）。

　宿泊・飲食サービスに次いで人手不足感が強い建設と情報サービスは、コロナ禍でも人手不足の状況は変わらず、その後も概ね－30～－60で推移している（同－57、－49）。また、非製造業の中では最も不感が弱い電気・ガスにおいても－10～－20の状況が続いている（同－20）。

---

[221] 日本商工会議所「人手不足および多様な人材の活躍等に関する調査」調査結果（2023年9月）。人手が不足していると回答した企業の割合を業種別（上位5業種）にみると、介護・看護業（86.0%）、建設業（82.3%）、宿泊・飲食業（79.4%）、情報通信・情報サービス業（77.7%）、運輸業（77.1%）と、いずれも非製造業の業種となっている。

[222] これまでの最高値は2019年の66.4%であった。コロナ禍の2020年2月～3月では36.4%に低下したが、その後は一貫して上昇している。

図 表 1-33　非製造業の雇用の過不足感

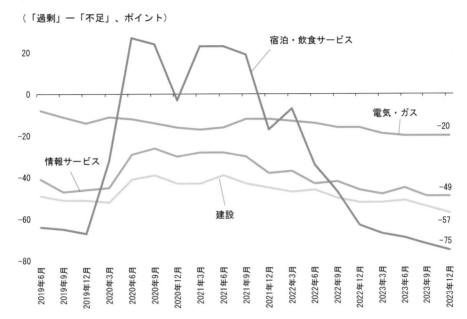

（「過剰」－「不足」、ポイント）

出典：日本銀行「全国企業短期経済観測調査（短観）」をもとに経団連事務局にて作成

（4）地域別の状況

　中小企業基盤整備機構「中小企業景況調査」によれば、いずれの地域でも人手不足の状況にある。特に、北海道（－29.8）や東北（－23.5）、中国（－24.6）、四国（－28.0）、九州・沖縄（－26.0）は、全国平均（－23.2）を下回り、人手不足感が強い。

図 表 1-34　地域別の雇用の過不足感

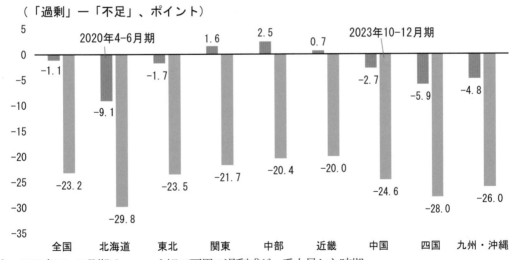

（「過剰」－「不足」、ポイント）

　注：2020年4－6月期は、コロナ禍で雇用の過剰感が一番上昇した時期。
出典：中小企業基盤整備機構「中小企業景況調査」をもとに経団連事務局にて作成

　都道府県別の失業率について、2013年とコロナ禍前の2019年、直近の2022年で比較すると、2013年から2019年の間に全都道府県で1～2ポイント程度低下し、全都道府県で3％を下回った。その後、2022年の失業率において、全都道府県で大きな変動はみられない。

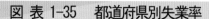

図 表 1-35　都道府県別失業率

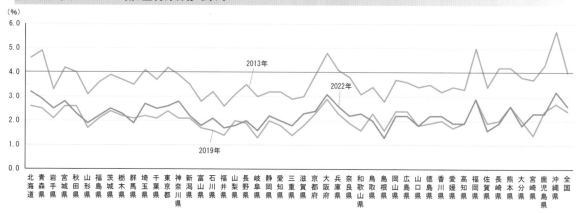

2013年
2022年
2019年

（%）

北海道　青森県　岩手県　宮城県　秋田県　山形県　福島県　茨城県　栃木県　群馬県　埼玉県　千葉県　東京都　神奈川県　新潟県　富山県　石川県　福井県　山梨県　長野県　岐阜県　静岡県　愛知県　三重県　滋賀県　京都府　大阪府　兵庫県　奈良県　和歌山県　鳥取県　島根県　岡山県　広島県　山口県　徳島県　香川県　愛媛県　高知県　福岡県　佐賀県　長崎県　熊本県　大分県　宮崎県　鹿児島県　沖縄県　全国

出典：総務省「労働力調査」をもとに経団連事務局にて作成

　都道府県別の有効求人倍率についても同様に比較すると、2013 年時点では1倍未満の都道府県が多かったのに対し、2019 年、2023 年ともにすべての都道府県で1倍を超えている。

図 表 1-36　都道府県別有効求人倍率

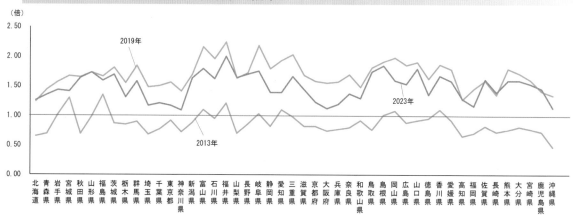

2019年
2023年
2013年

（倍）

北海道　青森県　岩手県　宮城県　秋田県　山形県　福島県　茨城県　栃木県　群馬県　埼玉県　千葉県　東京都　神奈川県　新潟県　富山県　石川県　福井県　山梨県　長野県　岐阜県　静岡県　愛知県　三重県　滋賀県　京都府　大阪府　兵庫県　奈良県　和歌山県　鳥取県　島根県　岡山県　広島県　山口県　徳島県　香川県　愛媛県　高知県　福岡県　佐賀県　長崎県　熊本県　大分県　宮崎県　鹿児島県　沖縄県

注：各年1月の数値。季節調整値。
出典：厚生労働省「一般職業紹介状況」をもとに経団連事務局にて作成

　わが国の完全失業率（年平均）は 2017 年以降、3％未満の低位で推移している[223]一方で、直近の有効求人倍率は全都道府県で1倍を超える状況が続いている。これは、求人数に対して求職者・失業者が少ない状態が継続し、構造的な労働力不足にあることを端的に示している。このような状況下で生産性を改善・向上するためには、多様な人材の労働参加とあわせて、省人化投資[224]による対策の必要性が高まっているといえる。

[223] 総務省「労働力調査」によると、近年のわが国の完全失業率（男女計）は、2016 年（3.1％）、2017 年（2.8％）、2018 年（2.4％）、2019 年（2.4％）、2020 年（2.8％）、2021 年（2.8％）、2022 年（2.6％）と、OECDが公表している日本の完全雇用失業率の推定値である4.0％±0.3％を大きく下回っている。

[224] 厚生労働省「労働経済動向調査」（2023 年8月）によると、現在労働者が不足し、かつ過去1年間に何らかの労働者不足への対処をしたと回答した事業所の割合は66％であった。その対処方法（複数回答）をみると、「正社員等採用・正社員以外から正社員への登用の増加」（56％）、「臨時、パートタイムの増加」（42％）、「派遣労働者の増加」（41％）が多く、「省力化投資による生産性の向上・外注化・下請化等」は 14％であった。多くの企業が労働力不足への対応を採用増で行っている状況が見受けられる。

TOPICS

ＡＩの活用状況と課題

1．従来のＡＩの活用状況

　一般的にＡＩは、大量データの迅速かつ正確な処理や、時間制約のない稼動、データに基づいた客観的な判断、判別が難しいデータの関連性の発見などの点において、人間より優れているといえる。わが国においても、ＡＩ技術の開発・普及にあわせ、自動会話プログラムのチャットボットや、医療分野等における画像診断、自動運転といった分野で、その技術が活用されている。人手不足の深刻化が顕在化しているエッセンシャルワーカーの業務においても、ＡＩやＡＩを搭載したロボットの活用による省力化・効率化の取組みが検討・実施されている[225]。産業界を挙げて、生産性の改善・向上に資するＡＩの社会実装に取り組む必要がある。他方で、定型業務などを中心に雇用への影響があることにも留意が必要である[226]。

2．生成ＡＩの活用状況

　こうした中、2022 年 11 月に Open AI 社が ChatGPT[227]を公表して以降、「生成ＡＩ」の活用が急速に拡大している。従来のＡＩで活用されていなかった分野・領域を含め、付加価値の増大や生産性の改善・向上、新たなビジネスモデルの創出、新商品の開発などが期待されている。

　そこで、生成ＡＩの定義や活用状況、働き方・雇用・労働生産性との関係等について、各種調査を参考としながら確認したい。

（1）生成ＡＩの活用領域

　生成ＡＩ登場以前のＡＩは、分析や予測、翻訳、分類等を目的としたものが中心であり、その使用にあたっては、専門知識や高度なスキルが必要となるため、エンジニアなど一部の職種が利用する技術としての色彩が強かった。

　それに対して生成ＡＩは、学習したデータを基にして、新たなコンテンツを生成・創造できる点が従来のＡＩと大きく異なる。テキストに加え、画像や動画、音声等を生み出すことも可

---

[225] 例えば、運輸業界では、配車計画の策定にＡＩを活用し、コスト・時間削減に最も優れた配送ルートを策定してもらうことで、業務時間の大幅削減に成功した例（国土交通省「物流・配送会社のための物流ＤＸ導入事例集」（2022 年））や、ＡＩを搭載した荷積みロボット（各荷物をトラック内の最適な位置に積み込み）の実用化に向けて実証実験に取り組んでいる例もある（ＳＧホールディングス、佐川急便、住友商事、Dexterity による共同プロジェクト）。介護の分野では、ケアマネジメント業務の中で負担感の高いケアプランの作成にＡＩを活用することによる業務の効率化が期待されている（厚生労働省「ホワイトボックス型ＡＩによるケアプラン作成支援に関する調査研究事業」（2017 年度～2022 年度））。

[226] 三菱総合研究所「内外経済の中長期展望 2018－2030 年度」（2018 年 7 月）では、2020 年代以降、ＡＩの活用等による業務の自動化・効率化の影響で、定型業務等を行う事務職（120 万人）と生産職（90 万人）が過剰となる一方で、技術革新をリードする専門職が 170 万人不足するとの見通しが示されている。

[227] アメリカの OpenAI 社が開発・提供している対話型サービスで、正式名称は Chat Generative Pre-trained Transformer（文章生成モデル）。学習済みのデータを基に、文章等の新たなコンテンツを生み出す生成ＡＩの一種。

能となったことで、これまで人間にしかできないと考えられていた領域、特にホワイトカラーの業務においても活用が想定されている。

　また、テキストでの指示を基本とする生成ＡＩは、利用にあたってのハードルが低く、年代・専門知識を問わずに利用できるなど汎用性が高く、この点に大きな優位性がある。

図表 1-37　生成ＡＩの利用イメージ

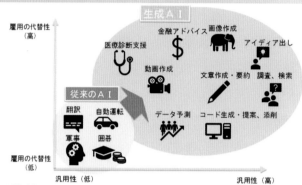

出典：第一生命経済研究所資料

（２）生成ＡＩの活用状況

　わが国の企業人を対象とした野村総合研究所（ＮＲＩ）の調査[228]によると、2割弱の職場（19.2％）で生成ＡＩを業務で利用（トライアル中、検討中を含む）しており、特に「ＩＴ・通信」（34.2％）や「教育・学習支援」（25.8％）で利用・検討が進んでいる傾向がみられる。

　生成ＡＩの具体的な用途としては、現状、「挨拶文などの原稿作成」や「記事やシナリオの作成」「ドキュメントの要約」など、テキストのアウトプットでの利用が中心となっている。今後は、より高度な編集能力が必要な「マニュアル・議事録の作成」や「プログラムコードの作成」など、カバーする範囲の拡大が想定・期待される。

図表 1-38　生成ＡＩの職場における導入・検討状況

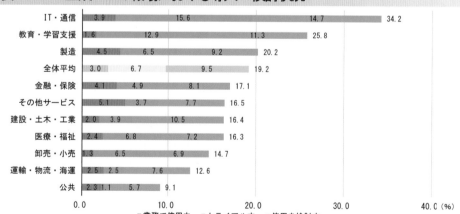

出典：ＮＲＩ「アンケート調査にみる『生成ＡＩ』のビジネス利用の実態と意向」（2023年6月）をもとに経団連事務局にて作成

---

[228] ＮＲＩ「アンケート調査にみる『生成ＡＩ』のビジネス利用の実態と意向」（2023年6月）。生成ＡＩを「業務で使用中」の職場は3.0％、「トライアル中」は6.7％、「使用を検討中」は9.5％であった。

一方、日本では、個人レベルでの生成ＡＩの利用率は高い[229]ものの、企業での生成ＡＩの利用率は諸外国より低くなっている[230]。その理由として、日本企業における活用事例が十分に積み上がっておらず、具体的な活用方法がイメージしにくいことなどが一因と指摘されている。

（3）働き方や雇用・生産性に関する調査結果

働き方や雇用、生産性については、様々な調査結果が示されている。

例えば、Open AI とペンシルベニア大学の調査[231]では、生成ＡＩの導入・普及により、米国労働者の約8割が担っている業務の 10％程度、残り約2割の労働者が担っている業務の少なくとも50％程度が、自動化されると指摘されている。とりわけ、高賃金の職種ほど、業務で生成ＡＩを活用する機会が増えることも示されている。

ゴールドマン・サックスの調査[232]では、アメリカにおける「職業」の約3分の2が生成ＡＩである程度の自動化がされるほか、アメリカの労働者における「業務」の4分の1（全業種平均）が、生成ＡＩで自動化される可能性があると予測している。その程度（生成ＡＩで自動化される業務の割合）は、オフィス業務・事務支援業務（46％）や法務（44％）など、一定のルールや過去の事例・経験に基づく業務で大きく、建設・採掘業（6％）やビル/路面清掃・メンテナンス業（1％）のような、従来のＡＩが活用しやすい労働集約的な職業で小さい。

図 表 1-39　生成ＡＩによって自動化される業務の割合（アメリカ）

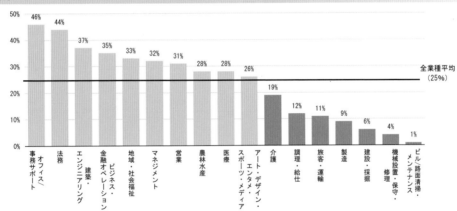

出典：ゴールドマン・サックス「The Potentially Large Effects of Artificial Intelligence on Economic Growth」（2023 年3月）、ボストン・コンサルティング・グループ「デジタル/生成ＡＩ時代に求められる人材育成のあり方」（2023 年7月）（第9回 デジタル時代の人材政策に関する検討会「資料3」）をもとに経団連事務局にて作成

---

[229] ＮＲＩ「日本の ChatGPT 利用動向（2023 年6月時点）」によると、「Openai.com」への日本からのアクセス数は多く、国別トラフィックシェアにおいて、アメリカ、インドに次ぐ3位となっている。

[230] ボストン・コンサルティング・グループ「デジタル/生成ＡＩ 時代に求められる人材育成のあり方」（2023 年7月）（第9回 デジタル時代の人材政策に関する検討会「資料3」）によると、世界の企業における生成ＡＩの導入率が40％であるのに対し、日本企業における導入率は24％であった。

[231] Open AI、ペンシルベニア大学「GPTs are GPTs: An Early Look at the Labor Market Impact Potential of Large Language Models」（2023 年3月）

[232] ゴールドマン・サックス「The Potentially Large Effects of Artificial Intelligence on Economic Growth」（2023 年3月）

生成ＡＩの活用が、ホワイトカラーを含む多くの職種において、生産性の向上に資するとの結果も示されている。スタンフォード大学のエリック・ブリニョルフソン教授らの調査[233]では、生成ＡＩを活用することで、労働者の仕事の生産性が平均で約 14％上昇するとの結果が出ている。さらに、経験豊富な労働者や熟練労働者だけでなく、業務経験の少ない低スキルの労働者における生産性の上昇への寄与が大きいとのデータも示されている。このことは、生成ＡＩ活用によるさらなる可能性を示唆しているといえる。

３．今後の課題

　企業は、生成ＡＩを含むＡＩの開発・普及状況、規制の動向等を注視しながら、自社の競争力強化の観点から、必要な事業領域・業務において、ＡＩの活用を検討する必要がある。企業内での活用にあたっては、著作権等の知的財産権の侵害や情報の漏洩等のリスクに適切に対応すべく、ＡＩの利用に関する指針・ガイドラインを策定するなど、コンプライアンスの徹底を図り、社員が安心してＡＩを活用できる環境整備が不可欠となる。

　また、ＡＩの普及・拡大に伴い、人間・社員の担う業務が変化していくことへの留意も求められる。ＡＩによって代替される業務が拡大することで、人間・社員は創造的な仕事に一層注力できる可能性がある[234]。

　一方、ＡＩの活用が進むほど、人間の思考能力の低下や感性の衰えにつながるのではないかといった懸念も指摘されている。情報やデータの正誤・真贋を人間が判断・見極めながら、「ＡＩを正しく用いる」ことの必要性・重要性に関する議論とともに、そのために必要な教育・人材育成のあり方の早急な検討が望まれる[235]。

---

[233] Erik Brynjolfsson, Danielle Li, Lindsey R. Raymond「GENERATVE AI AT WORK」（2023年4月）
[234] Shakked Noy and Whitney Zhang「Experimental Evidence on the Productivity Effects of Generative Artificial Intelligence」（2023年3月）によると、ある文章を作成する際、生成ＡＩを使用しない場合、ブレインストーミングに25％、下書きに50％、仕上げの編集に25％の時間を費やすのに対し、生成ＡＩを使用した場合、ブレインストーミングと下書きに要する時間が減少し、仕上げの編集に多くの時間を確保できるようになると指摘されている。
[235] 経団連提言「ＡＩ活用戦略Ⅱ-わが国のAI-Powered化に向けて-」（2023年10月）では、人間の能力に関する課題として、ＡＩの活用が人々の思考能力の低下や感性の衰えにつながる懸念を挙げ、『ＡＩに頼らない』のではなく、情報の正誤・真贋を自ら判断しながら『ＡＩを正しく用いる』ことの本質に関する議論や、それを理解し実行するための包括的な教育・人材育成のあり方をわが国として早急に検討すべきである」としている。

TOPICS

フリーランスの現状と保護に関する動向

（1）フリーランスをめぐる状況

　わが国におけるフリーランスの実態はかならずしも明らかではないが、2020年に内閣官房と関係省庁が連携して実施した「フリーランス実態調査」をはじめとする各種調査によれば、その人数は300～500万人に達し、多種多様な職種で働いている。

　雇用労働者でないフリーランスには原則として労働関係法令が適用されず、取引先の規模によっては下請代金支払等遅延防止法（下請法）による保護の対象にもならない。前述の調査によると、フリーランスとして働く当事者からは、就業時間・休日に関する規制がないことや、業務上の負傷・疾病時の補償がないこと、契約条件があいまい・事前に明示されないことなどが、働く上での障壁と捉える回答として挙げられた。

　このような背景の下、政府は「経済財政運営と改革の基本方針」等に基づき、フリーランスが安心して働ける環境の整備に取り組んでいる。

図 表 1-40　　フリーランスの主な職種と働く上での障壁

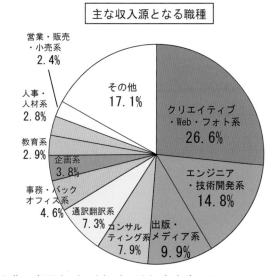

主な収入源となる職種

営業・販売・小売系 2.4%
人事・人材系 2.8%
教育系 2.9%
企画系 3.8%
事務・バックオフィス系 4.6%
通訳翻訳系 7.3%
コンサルティング系 7.9%
出版・メディア系 9.9%
エンジニア・技術開発系 14.8%
クリエイティブ・Web・フォト系 26.6%
その他 17.1%

	フリーランスとして働く上での障壁（複数回答）	
1	収入が少ない・安定しない	59.0%
2	1人で仕事を行うので、他人とのネットワークを広げる機会が少ない	17.2%
3	仕事がなかなか見つからない	15.3%
4	仕事が原因で負傷した・疾病になった場合の補償がない	12.7%
5	就業時間や休日に関する規制がない	11.1%
6	契約条件があいまい・事前に明示されない	10.7%
7	社会的信用を得るのが難しく、フリーランスに対する偏見や誤解がある	10.7%

出典：内閣官房日本経済再生総合事務局やフリーランス協会の調査結果をもとに経団連事務局にて作成

（2）フリーランス・事業者間取引適正化等法の制定

　政府は、フリーランスが安定的に業務に従事できる環境整備を目的として、フリーランス・事業者間取引適正化等法案を2023年通常国会に提出した。同法は同年4月に可決成立し、2024年秋からの施行が予定されている。同法は「取引の適正化」と「就業環境の整備」の二本柱から成り、発注事業者（特定業務委託事業者[236]）に課せられる義務を規定している。

---

[236] 同法において、フリーランスに業務委託をする事業者であって従業員を使用するもののこと。

「取引の適正化」については、①フリーランス（特定受託事業者[237]）に対して成果物の内容や報酬額等を書面または電磁的方法により明示すること、②フリーランスの成果物を受領した日から60日以内に報酬支払期日を設定し、支払うこと、③フリーランスの責めに帰すべき事由のない「受領の拒否」「報酬の減額」「返品」「著しく低い報酬額の定め」「物の購入・役務の利用の強制」を禁止することなどが盛り込まれている。

　「就業環境の整備」については、①募集情報を提供する際、虚偽表示や誤解を招く表示をしてはならないこと、②フリーランスが育児・介護と業務を両立できるよう、申出に応じて必要な配慮をすること、③ハラスメント行為にかかる相談対応など必要な体制整備等を行うこと、④一定期間継続した業務委託を中途解除する場合、原則30日前までに予告することなどを内容としている。

（3）労災保険「特別加入制度」の対象拡大

　労災保険には、一定の要件を満たす場合に労働者以外でも労災保険料を自己負担することで特別加入することができ、補償を受けられる制度がある。本制度が創設された1965年当時にはなかった仕事が増えてきたこと等を踏まえ、2021年以降、ITフリーランスやフードデリバリーの自転車配達員等が対象に追加されてきた。

　今回のフリーランス・事業者間取引適正化等法の附帯決議等において、希望するすべての特定受託事業者（フリーランス）を加入対象に追加することが盛り込まれた。これを踏まえ、労働政策審議会で省令改正が2023年12月に行われ、2024年秋頃を目途に施行予定である。

　また、2023年9月に、通信販売の商品配達を請け負うフリーランスの配達中のけがについて、労災が認定された。本事案では、発注者の指揮命令を受け、自己裁量が少ない場合は労働者と判断された。労災保険に特別加入していない場合であっても補償が得られ、発注者はさかのぼって保険料の支払いが求められる場合があることに留意が必要である。

（4）安全衛生対策

　2021年5月17日の「建設アスベスト訴訟」最高裁判決において、労働安全衛生法（安衛法）22条の規定（事業者による健康障害防止措置）について、同じ場所で働く雇用労働者以外の者も保護する趣旨と判示された。本判決を受け、厚生労働省は同条に基づく11の省令を改正し、危険有害作業の請負人や、同じ作業場所にいる労働者以外の者に対しても、労働者と同等の保護措置を講じることを事業者に義務付けた（2022年4月公布、2023年4月施行）。

　加えて、安衛法22条以外の規定における保護措置やフリーランス自身による災害防止対策、注文者による災害防止対策の措置等を含む包括的な対策について、厚生労働省「個人事業者等に対する安全衛生対策のあり方に関する検討会」が2023年10月27日に報告書を取りまとめ

---

[237] 同法において、業務委託の相手方である事業者であって従業員を使用しないもののこと。

た。本報告書は、①フリーランスの業務上災害を把握するため、休業4日以上の死傷災害を対象とした報告制度を創設すること、②危険・有害な業務に従事するフリーランスに対して、同様の業務に従事する雇用労働者であれば受講が必要な「特別教育」の修了を義務化すること、③危険・有害な業務に従事するフリーランスに対して、同様の業務に従事する雇用労働者であれば受診が必要な「特殊健康診断」の受診とその結果に基づく精密検査等を勧奨すること、④混在作業による労働災害を防止するための統括管理の対象となっている「建設業」「造船業」「製造業」以外の業種の混在作業場所において、当該作業場所を管理する者に対して災害防止措置を義務付けること、⑤長時間の就業による健康障害の防止やメンタルヘルス不調の予防に向けて、注文者等において、フリーランスの安全衛生を損なうような就業条件や就業環境とならないよう配慮することなどの方向性を示した。

　今後は、本報告書の内容の具体化に向けて、労働政策審議会での議論を経て、ガイドライン・通達の作成や法令の改正が行われる見込みである。

　こうしたフリーランスの保護に向けた政策の動向を踏まえ、発注事業者である企業には、各種法令の遵守はもとより、フリーランスを対等な取引相手と位置付け、取引の公平性・透明性の確保、必要な安全衛生対策の実施等が求められている。

図表 1-41　　フリーランスの保護に関する近年の政策

自営型テレワークの適正な実施のためのガイドライン	注文者から委託を受け、情報通信技術を活用して自宅等で働く「自営型テレワーク」の契約に係る紛争を未然に防止し、自営型テレワークを良好な就業形態とするため、関係者が守るべき事項として、契約条件の明示や適正化等を規定【2020年2月】
フリーランスとして安心して働ける環境を整備するためのガイドライン	フリーランスとして安心して働ける環境を整備するため、事業者とフリーランスとの取引について、独占禁止法、下請法、労働関係法令との適用関係や各法令に基づく問題行為を明確化【2021年3月】 ※内閣官房、公正取引委員会、中小企業庁、厚生労働省の連名で策定
災害補償	労働者災害補償保険「特別加入制度」の対象を累次にわたり拡大【2021年4月～2022年7月】 フリーランス・事業者間取引適正化等法の附帯決議等を受け、今後、希望するすべての特定受託事業者（フリーランス）が同制度に加入できるようになる【2024年秋頃目途】
フリーランス・事業者間取引適正化等法	個人で働くフリーランス（特定受託事業者）に業務委託を行う発注事業者（特定業務委託事業者）に対して、業務委託をした際の取引条件の明示、給付を受領した日から原則60日以内での報酬支払、ハラスメント対策のための体制整備等を義務化【2023年5月公布、2024年秋施行予定】
安全衛生対策	労働安全衛生法に基づく11の省令を改正し、①危険有害な作業の請負人、②同じ作業場所にいる雇用労働者以外の者に対する保護措置を事業者に義務化【2023年4月】 厚生労働省の検討会がフリーランスの安全衛生対策全般を検討し、報告書を公表【2023年10月】

TOPICS

職場における安全衛生対策

（1）労働災害の発生状況

2022年の労働災害による死亡者数は774人、休業4日以上の死傷者数は132,355人となった。死亡者数が過去最少となる一方、死傷者数は過去20年間で最多を記録した[238]。死傷災害の発生状況を業種別にみると、第三次産業が全体の半数超（50.4%）を占め、「第13次労働災害防止計画（13次防）」の重点業種[239]である小売業、社会福祉施設、飲食店で増加が目立つ。

過労死等の労災補償状況に目を向けると、2022年度に行政が業務上疾病と認定し、労災保険の給付を決定した事案は904件となった。このうち、精神障害に関する事案は710件と過去最多である。発病に関与した出来事別でみると、①上司等からのパワーハラスメント（147件）、②悲惨な事故・災害の体験・目撃（89件）、③仕事内容・量の大きな変化（78件）④同僚等からの暴行やいじめ・嫌がらせ（73件）、⑤セクシュアルハラスメント（66件）の順に多い[240]。

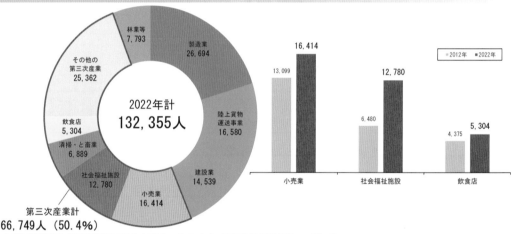

図表1-42　死傷災害の発生状況

2022年計
132,355人

林業等 7,793
製造業 26,694
その他の第三次産業 25,362
陸上貨物運送事業 16,580
飲食店 5,304
清掃・と畜業 6,889
社会福祉施設 12,780
建設業 14,539
小売業 16,414
第三次産業計 66,749人（50.4%）

（小売業）2012年 13,099　2022年 16,414
（社会福祉施設）2012年 6,480　2022年 12,780
（飲食店）2012年 4,375　2022年 5,304

出典：厚生労働省「労働災害発生状況」をもとに経団連事務局にて作成

（2）安全衛生の重要課題とその対策

職場における安全衛生の重要課題を3点取り上げ、その対策を紹介する。

第一は、高年齢労働者の安全衛生対策である。死傷者数に占める60歳以上の割合は28.7%（2022年）で、特に高齢女性の転倒災害が頻発した[241]。高年齢労働者が安全で健康に働けるよう、ハード・ソフト両面での対策が重要である。ハード面では、作業場所の照度の確保、スロ

---

[238] 厚生労働省「労働災害発生状況」。新型コロナウイルス感染症への罹患による死亡・死傷者数を除く。

[239] 13次防では、建設業、製造業、林業、陸上貨物運送事業、小売業、社会福祉施設、飲食店を重点業種と位置付け、2017年と比較した死亡者数や死傷年千人率（1年間の労働者1,000人あたりに発生した死傷者数の割合）の減少目標を立てた。2022年の結果により、死傷者数に関する目標は未達となった。

[240] 厚生労働省は2022年2月、関係省庁と連携して、企業が対策を検討する際の参考となる「カスタマーハラスメント対策企業マニュアル」を作成・公表した。さらに厚生労働省は2023年9月に精神障害の労災認定基準を改正し、「業務による心理的負荷評価表」にカスタマーハラスメントを追加した。

[241] 60代以上の労働災害発生率（死傷年千人率）は20代の約15倍にのぼる。

ープの設置や床・通路の滑り防止、不要な段差や隙間の解消、耐滑性に優れた靴の支給、重量物取扱時の台車の使用、ノーリフトケア[242]のための福祉用具の導入などが挙げられる。ソフト面では、勤務形態や勤務時間の工夫、無理のない業務量の設定、作業マニュアルの見直し、丁寧な教育訓練、心身の不調を相談しやすい職場風土づくりなどが考えられる。厚生労働省「高年齢労働者の安全と健康確保のためのガイドライン」を参考にするとともに、公的機関の支援措置[243]の活用も視野に、自社で実施可能な労働災害防止対策に取り組むことが望ましい。

　第二は、メンタルヘルス対策である。とりわけ、精神障害の労災認定件数の4割強を女性が占め、社会保険・社会福祉・介護事業や医療業では7割超に達することから、女性労働者の対策が重要となる。現状の労災補償状況に鑑みれば、ハラスメントと過重労働の防止を優先すべきであり、法令に基づく各種ハラスメント防止措置の徹底とともに、時間外・休日労働時間の削減や、年次有給休暇の取得促進等の検討・実施が必要である。その上で、メンタル不調を未然に防止（一次予防）[244]するため、ストレスの少ない職場づくりが望まれる。具体的には、上司・同僚間のコミュニケーションの活性化（1on1ミーティング等）や、労働者・管理監督者へのストレスマネジメント研修の実施、相談窓口の設置・周知などが挙げられる。事業場内の体制整備や人材確保が困難な中小企業では、労働者自身がストレスに気付き対処する「セルフケア」と、管理監督者が部下の異変を早期に把握し対応する「ラインによるケア」を中心に、自社で可能な取組みを進めるとともに、必要に応じて外部支援[245]の活用も検討すべきである。

　第三は、働き手の多様化に即した対策である。有期雇用等労働者が雇用者全体の約4割を占め、外国人労働者数も約182万人に上る中、雇用形態や国籍に関わらず全ての労働者を対象とする安全衛生対策が不可欠である。特に有期雇用等労働者の割合が高い小売業や飲食店では、経験年数3年未満の死傷者の割合が高く、雇入時の安全衛生教育の徹底が求められる[246]。外国人労働者は、「はさまれ・巻き込まれ」や「切れ・こすれ」等の事故が多く、要因として、①業務経験が短い、②日本語の理解が不十分、③コミュニケーション不足による危険の伝達・理解不足などの特徴がある。外国人労働者の労災防止に向けて、母国語や視聴覚教材での教育の実施や作業手順の伝達、多言語やピクトグラムを用いた安全標識の設置などが有効である。

　企業は、労働災害ゼロを目指して様々な対策を講じている。引き続き、働き手の安全と健康の確保に向けて、安全衛生対策にさらに取り組んでいく必要がある。

---

[242] 腰痛予防のため、人力での持ち上げや抱え上げではなく、適切な福祉用具を使用して介護を行うこと。

[243] 高齢者が安全に働くための職場環境の整備等に要する費用を国が補助する「エイジフレンドリー補助金」や、労働災害防止団体が事業場に専門職員を無料で派遣する「安全衛生サポート事業」等がある。

[244] メンタル不調の早期発見と適切な措置（二次予防）、不調者の職場復帰の支援（三次予防）も重要である。

[245] 各地方の「地域産業保健センター」の健康相談や医師の面接指導等の無料実施、厚生労働省のポータルサイト「こころの耳」によるメンタルヘルスケアに関する様々な情報や相談窓口の提供など。

[246] 小売業と飲食店の死傷災害を事故の型別にみると、ともに「転倒」が3割を超えて最多であり、小売業では、「動作の反動・無理な動作」「墜落・転落」、飲食店では、「切れ・こすれ」「高温・低温物との接触」が続いている。

第Ⅱ部　2024年春季労使交渉・協議における経営側の基本スタンス

1．2023年春季労使交渉・協議の総括

2023年の春季労使交渉・協議は、約30年ぶりの物価上昇という特別な状況の下で行われた。経団連は、「成長と分配の好循環」の形成に向けた正念場との認識を企業労使で深く共有することを訴えた。同時に、「賃金決定の大原則」[247]に則った検討の際、「物価動向」を特に重視しながら、賃金引上げのモメンタムの維持・強化に向けた前向きな対応を呼びかけた。あわせて、「人への投資」として、「賃金引上げ」とともに「総合的な処遇改善・人材育成」の積極的な検討も掲げた。

企業労使による真摯な議論を経て、各企業が示した回答内容をみると、物価動向への対応や人材の確保・定着などの観点から、ベースアップ実施に加え、近年にない高い引上げ額が提示されるなど、大企業を中心に積極的な対応が目立った。経団連の調査によれば、月例賃金引上げは大手企業で13,362円・3.99％（前年比5,800円増、1.72ポイント増）、中小企業で8,012円・3.00％（同2,976円増、1.08ポイント増）と、いずれも約30年ぶりとなる高い水準を記録した。賞与・一時金（大手企業）は、夏季・年末とも2年連続の前年比プラス（夏季＋0.47％、年末＋1.37％）で、90万円台（夏季90万3,397円、年末90万6,413円）となり、コロナ禍前の2019年以来の高い支給額となった。このように2023年は、賃金引上げのモメンタムが確実に維持・強化され、賃金引上げにおける起点・転換の年になった。

---

[247] ①社内外の様々な考慮要素（経済・景気・物価の動向、自社の業績や労務構成の変化など）を総合的に勘案し、②適切な総額人件費（企業が社員を雇用するために負担する費用の総和）管理の下で、③自社の支払能力を踏まえ、④労使協議を経た上で、各企業が自社の賃金を決定する大原則のこと。

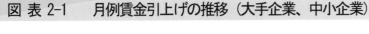

図 表 2-1　　月例賃金引上げの推移（大手企業、中小企業）

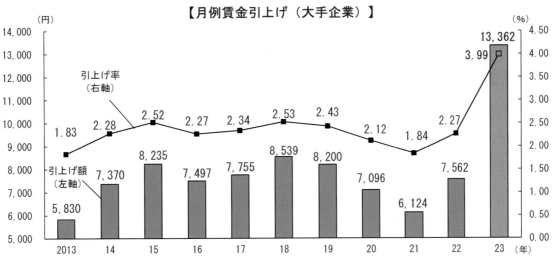

【月例賃金引上げ（大手企業）】

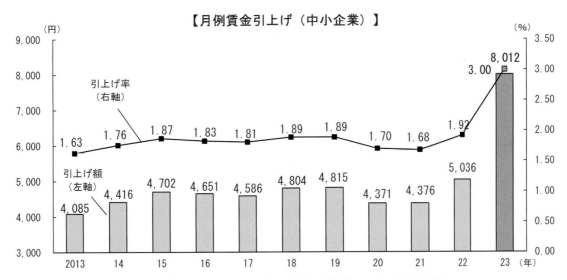

【月例賃金引上げ（中小企業）】

注：大手企業は原則として従業員500人以上、中小企業は従業員500人未満が対象。
出典：経団連「春季労使交渉・大手企業業種別妥結結果」「春季労使交渉・中小企業業種別妥結結果」

　一方、「総合的な処遇改善・人材育成」においては、多様な働き手の
エンゲージメント向上の観点から、時間外労働の削減や年次有給休暇
の取得促進、定年後継続雇用社員の処遇改善のほか、育児・介護関連
支援策や人材育成施策、Ｄ＆Ｉ・ＤＥ＆Ｉの推進策など、賃金以外の
様々な項目について多くの企業労使で議論が行われ、その導入・拡充
に向けて着実な進展がみられた。

さらに、福利厚生制度におけるカフェテリアプラン[248]のポイントを増額するケースもあるなど、各企業において自社の実情に適した形で総合的な処遇改善・人材育成が図られている。

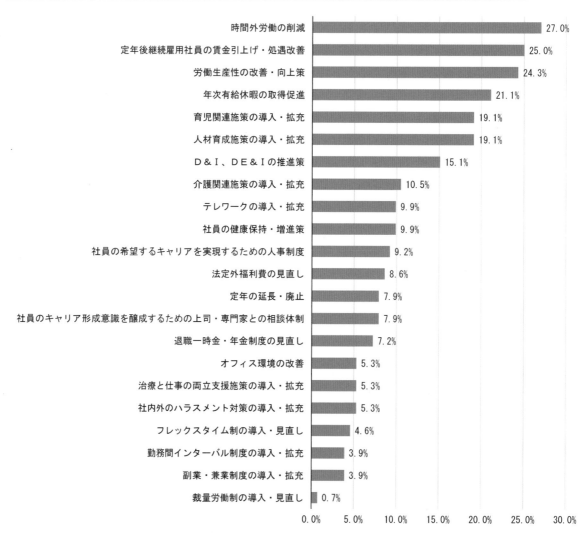

図 表 2-2　　2023 年春季労使交渉で労働組合と議論した賃金以外の項目（複数回答）

項目	割合
時間外労働の削減	27.0%
定年後継続雇用社員の賃金引上げ・処遇改善	25.0%
労働生産性の改善・向上策	24.3%
年次有給休暇の取得促進	21.1%
育児関連施策の導入・拡充	19.1%
人材育成施策の導入・拡充	19.1%
Ｄ＆Ｉ、ＤＥ＆Ｉの推進策	15.1%
介護関連施策の導入・拡充	10.5%
テレワークの導入・拡充	9.9%
社員の健康保持・増進策	9.9%
社員の希望するキャリアを実現するための人事制度	9.2%
法定外福利費の見直し	8.6%
定年の延長・廃止	7.9%
社員のキャリア形成意識を醸成するための上司・専門家との相談体制	7.9%
退職一時金・年金制度の見直し	7.2%
オフィス環境の改善	5.3%
治療と仕事の両立支援施策の導入・拡充	5.3%
社内外のハラスメント対策の導入・拡充	5.3%
フレックスタイム制の導入・見直し	4.6%
勤務間インターバル制度の導入・拡充	3.9%
副業・兼業制度の導入・拡充	3.9%
裁量労働制の導入・見直し	0.7%

注：上記のほか、「その他」（26.3%）として、「所定内労働時間等の削減」「出張旅費・通勤費等の制度見直し」「住宅補助・社宅等の制度見直し」「転勤制度・海外勤務等の制度見直し」「人事・賃金制度全般に関する見直し」などの回答があった。
出典：経団連「2023年人事・労務に関するトップ・マネジメント調査結果」

---

[248] 企業から毎年付与されるポイントの範囲内で、用意された福利厚生メニューから社員自身が選択して利用できる福利厚生制度の1つ。

２．わが国企業を取り巻く経営環境

（１）世界経済の動向

　世界経済は、2021年以降、コロナ禍からの急速な回復に伴う供給制約やロシアのウクライナ侵攻等により、エネルギー・原材料価格を中心に世界的に物価が大きく上昇した。そこで各国が物価上昇を抑制すべく、金融引締めを強力に実施した結果、世界経済の成長は鈍化の兆しが見られる。ＯＥＣＤによると、2023年の実質成長率（世界全体）は＋2.9％と、2022年（＋3.3％）から低下する見通しである。

　先行きは、欧米における強力な金融引締めが及ぼす影響、中東地域等の地政学リスク顕在化による原材料・エネルギー価格の高騰およびそれに伴う高い物価上昇率の継続、中国の不動産市場の悪化に伴う不良債権の増加などを通じた成長の押下げが懸念される。ＯＥＣＤでは、2024年に＋2.7％（世界全体）へと減速した後、2025年には3.0％（同）に回復すると予測している。

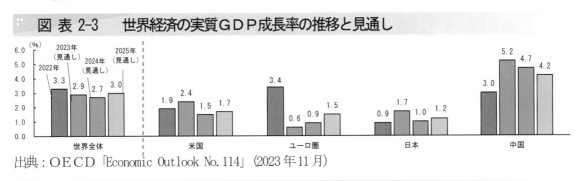

図表 2-3　　世界経済の実質ＧＤＰ成長率の推移と見通し

出典：ＯＥＣＤ「Economic Outlook No.114」（2023年11月）

（２）日本経済の動向

① 景気の現状と見通し

　社会経済活動が正常化する中で、わが国経済は緩やかに持ち直している。2023年7－9月期の実質ＧＤＰは、3四半期ぶりのマイナス成長となったものの、コロナ禍前（2019年平均）の水準を超えている。

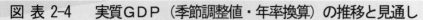

図表 2-4　実質GDP（季節調整値・年率換算）の推移と見通し

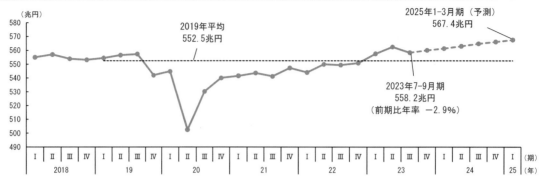

注：2023年10－12月期以降は民間エコノミストの予測の平均。各四半期の成長率見通しから実質GDPの水準を算出。
出典：内閣府「四半期別GDP速報（2023年7－9月期2次速報）」、日本経済研究センター「ESPフォーキャスト調査」（2023年12月）をもとに経団連事務局にて作成

　先行きも、雇用・所得環境の改善に伴う民間消費の拡大や旺盛なインバウンド需要などにより、引き続き持ち直しが期待される。民間エコノミストの平均的な見通しでは、実質GDPは2025年にかけ、緩やかに増加していくと予測されている。

　他方で、世界経済の下振れによる輸出の減少のほか、中東地域をはじめとする不安定な国際情勢とそれに伴う原材料・エネルギー価格の高騰などに注視が必要である。

② 物価の動向（企業物価と消費者物価）

　国内企業物価は、急速な円安進行とエネルギー・原材料価格の高騰を背景に、2021年前半から上昇し、2022年12月は前年同月比＋10.6％と、第2次オイルショック期以来、42年ぶりの高い伸びとなった。その後、2023年前半に原油高が一服し、2023年11月には同＋0.3％に低下した。

　需要段階別に見ると、2023年に入り、素原材料など川上での財の価格が前年同月比で大きく低下していく中で、最終財など川下においても物価が安定化してきている。

図表 2-5　　国内企業物価（前年同月比）の推移

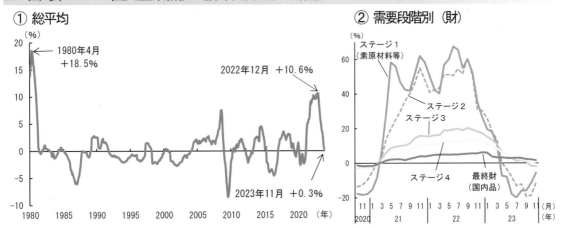

① 総平均

② 需要段階別（財）

注：②の「ステージ2」は相対的に川上の中間財、「ステージ3」は相対的に川下の中間財、「ステージ4」は最も川下の中間財。
出典：日本銀行「企業物価指数」、同「最終需要・中間需要物価指数」をもとに経団連事務局にて作成

　消費者物価（生鮮食品を除く総合）は、エネルギーや食料品等の高騰を背景に、2023年1月に前年同月比＋4.2％と、41年ぶりの高い伸び率を記録した。その後、政府による電気・都市ガス料金の負担軽減策などの効果により、2023年11月には同＋2.5％と、3％を下回る水準に低下した。

　先行きは、円安による輸入物価の押上げ圧力が小さくなる中で、伸び率は縮小していくと予想されている[249]。

図表 2-6　　消費者物価（生鮮食品を除く総合・前年同月比）の推移（左）と寄与度分解（右）

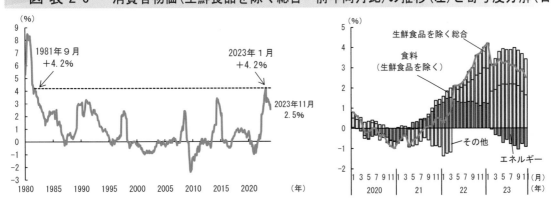

注：「エネルギー」は電気代、都市ガス代、プロパンガス、灯油及びガソリンの合計。
出典：総務省「消費者物価指数」をもとに経団連事務局にて作成

---

[249] 日本経済研究センター「ＥＳＰフォーキャスト調査」（2023年12月）によると、消費者物価（生鮮食品を除く総合）の前年同期比は、2023年10－12月期＋2.61％、2024年1－3月期＋2.52％、同4－6月期＋2.52％、同7－9月＋2.37％、同10－12月期＋2.02％と予測されている。

③ 企業業績の動向

　日銀短観（12月調査）によると、2023年度のわが国企業（金融・保険業を除く）の経常利益は80.2兆円（前年度比＋4.0%）と、過去最高水準が見込まれる。ただし、業種ごとに状況はまちまちである。

　製造業は、円安の継続による輸出採算の改善や半導体不足の緩和などを背景に、「輸送用機械」などで大きな改善がみられる。他方、原材料価格の高騰などによって、減益が見込まれる業種もある。

　非製造業の利益水準は、コロナ禍後の経済活動の再開によって、前年より若干改善する見通しである。インバウンドの回復などで「宿泊・飲食サービス」の業績改善が著しいことに加え、「電気・ガス」は黒字化が見込まれる。他方、原材料価格上昇の影響で「建設」や「鉱業・採石業・砂利採取業」などは減益が予測されている。

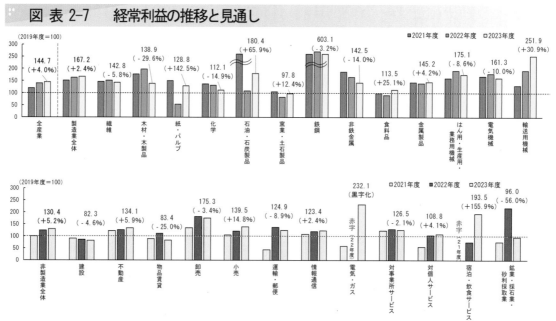

図 表 2-7　　経常利益の推移と見通し

注：数値は2019年度＝100（石油・石炭製品のみ、2019年度が赤字であるため、2018年度＝100）としたときの2023年度の水準。（　）内は2023年度の増減益率（前年度比）。

出典：日本銀行「全国企業短期経済観測調査（短観）」をもとに経団連事務局にて作成

（3）地方経済と中小企業の動向

① 各地域の景況

　内閣府「地域経済動向」（2023年11月）によると、各地域の景況判断は、程度の差はあるものの、総じて回復基調となっている[250]。ただし、前回調査（2023年9月）から継続して景況判断は堅調ではあるものの、鉱工業生産の判断が下方修正されたことを受けて、北関東や南関東、甲信越、九州における景況判断が下方修正されたことに留意が必要である。

　日銀短観によると、各地域の業況判断ＤＩは、2020年12月調査以降、地域ごとに回復のペースやＤＩの水準にはばらつきが見られるものの、すべての地域で持ち直している。

　地域別にみると、北関東を除いて、コロナ禍前の2019年12月を上回る水準となっている。とりわけ、甲信越や東海、北陸、九州・沖縄は、非製造業の伸びを背景に、いずれも10ポイント以上の高い伸びを示している。他方、東北や北関東は、依然として化学や鉄鋼など製造業における業況感の落ち込みなどによって、足もとに弱さがみられる。

　2024年3月にかけての先行きについては、非製造業における伸びの反動減の影響によって、すべての地域で一時的に小幅ながら減少することが予測されている。

---

[250] 2023年11月の各地域の景況判断は、沖縄が「回復している」、東海、近畿が「緩やかに回復している」、北関東、南関東、甲信越、中国、九州が「一部に足踏みがみられるが、緩やかに回復している」、北海道、東北、北陸、四国が「一部に弱さがみられるものの、緩やかに持ち直している」となった。

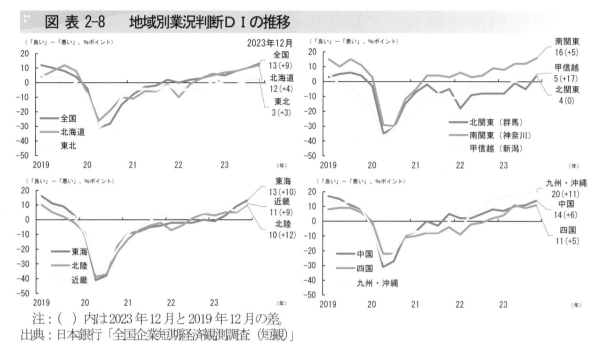

図表 2-8　地域別業況判断ＤＩの推移

注：（　）内は2023年12月と2019年12月の差。
出典：日本銀行「全国企業短期経済観測調査（短観）」

② 中小企業の業績動向

　財務省「法人企業統計」によると、2023 年度上期（4月－9月期）の中小企業の経常利益は、前年同期比＋25.1％に上昇した。業種別にみると、製造業が＋1.1％であったのに対し、非製造業は電気業や卸売業、小売業がけん引役となって＋33.8％の大幅増になった。

　コロナ禍前の2019年の同期比較では、非製造業がほぼ同水準に回復している一方、製造業は依然としてコロナ禍前の水準を下回っている。

図表 2-9　企業規模別の経常利益

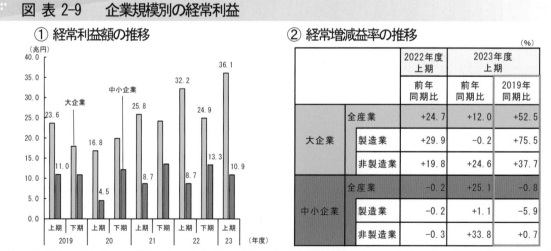

① 経常利益額の推移

② 経常増減益率の推移

		2022年度上期	2023年度上期	
		前年同期比	前年同期比	2019年同期比
大企業	全産業	+24.7	+12.0	+52.5
	製造業	+29.9	-0.2	+75.5
	非製造業	+19.8	+24.6	+37.7
中小企業	全産業	-0.2	+25.1	-0.8
	製造業	-0.2	+1.1	-5.9
	非製造業	-0.3	+33.8	+0.7

注：大企業は資本金10億円以上、中小企業は同1千万円以上1億円未満の企業。全産業、非製造業は金融業、保険業を除く。
出典：財務省「法人企業統計」をもとに経団連事務局にて作成

　中小企業・製造業の利益が、コロナ禍前との比較で大きく伸びていない背景としては、売上高の低迷に加え、原材料価格の継続的な上昇に伴う費用増を背景とした変動費の高騰が挙げられる。日銀短観からは、2023年に入って仕入価格判断ＤＩ[251]の上昇が一服し、緩やかに低下する一方、販売価格判断ＤＩ[252]がほぼ横ばいで推移し、価格転嫁は2022年との比較で進捗の兆しがみられる[253]。

　先行きについては、仕入価格判断ＤＩが横ばいであるのに対し、販売価格判断ＤＩは増加が予測されており、利益の押し下げ圧力のさらなる緩和が期待される。

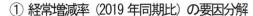

図表 2-10　中小企業の経常増減益率の要因分解と販売価格・仕入価格判断ＤＩの推移

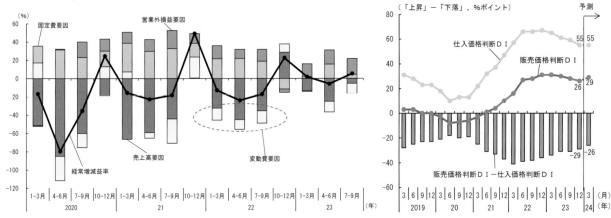

① 経常増減率（2019年同期比）の要因分解　　② 販売価格・仕入価格判断ＤＩの推移

注１：金融業、保険業を除く全産業。
注２：①は資本金１千万円以上１億円未満の企業、②は同２千万円以上１億円未満の企業。
注３：①について、変動費は、売上原価と販売費及び一般管理費の合計から固定費（人件費、減価償却費）を除いたもの。経常利益＝（１－変動費率）×売上高－固定費＋営業外損益の関係を用いて、変動費率の経常増減益率への寄与を変動費要因としている。
出典：財務省「法人企業統計」、日本銀行「全国企業短期経済観測調査（短観）」をもとに経団連事務局にて作成

[251] 主要原材料購入価格（外注加工費を含む）または主要商品の仕入価格について、「上昇」と回答した企業の割合から、「下落」と回答した企業の割合を引いた値のこと。
[252] 主要製商品の販売価格、または主要サービスの提供価格について、「上昇」と回答した企業の割合から、「下落」と回答した企業の割合を引いた値のこと。
[253] 詳細は141頁TOPICS「中小企業の賃金引上げに関する現状と課題（3）中小企業の価格転嫁の動向」参照。

３．連合「2024 春季生活闘争方針」への見解

（１）2024 春季生活闘争の意義と基本スタンス

　日本労働組合総連合会（連合）は、「みんなで賃上げ、ステージを変えよう！」をスローガンとする「2024 春季生活闘争方針」（以下、2024闘争方針）をとりまとめた。2024 闘争方針は、今次交渉を「経済も賃金も物価も安定的に上昇する経済社会へとステージ転換を図る正念場」と位置付けた上で、その最大の鍵として、社会全体での問題意識の共有による「持続的な賃上げ」の実現を挙げている。また、「人への投資」をより一層積極的に行うとともに、国内投資の促進とサプライチェーン全体を視野に入れた産業基盤強化などによって、日本全体の生産性を引き上げ、「成長と分配の好循環」を持続的・安定的に回していく必要性を強調している。

　「働くことを軸とする安心社会」に向けては、格差是正と分配構造の転換に取り組むとの方針を掲げ、①賃上げ、②働き方の改善、③政策・制度実現の取組みを柱とする総合生活改善闘争の枠組みの下、中期的視点をもって「人への投資」と月例賃金の改善に全力を尽くすとしている。

　あわせて、「建設的な労使交渉を通じ、成果の公正な分配を図り、労働条件の向上を広く社会に波及させていく」ために、「みんなの春闘[254]」を展開し、集団的労使関係を拡大していくとしている。

　さらに、2024 春季生活闘争の基盤整備の冒頭に、サプライチェーン全体で生み出した付加価値の適正分配、働き方も含めた「取引の適正化」に取り組むことを明記している。

---

[254] 2024 闘争方針において、「連合の正式な用語は『春季生活闘争』であるが、組織外への発信に向けて短くなじみやすい表現として『春闘』を用いる」としている。

104

　持続的な賃金引上げの実現、日本全体の生産性向上による「成長と分配の好循環」の必要性、2024年春季労使交渉がわが国経済社会のステージ転換を図る正念場との認識など、連合が2024闘争方針で示している基本的な考え方や方向性、問題意識は、経団連と多くの点で一致している。

（2）賃金引上げの考え方と要求目標

　連合は、賃金引上げの考え方として、①国際的に見劣りする日本の賃金水準の中期的な引上げ、②将来にわたる人材の確保・定着と国全体の生産性を高めるための継続的な「人への投資」、③勤労者世帯の生活向上につながる賃上げの実現、④企業規模間・雇用形態間・男女間の賃金格差是正、分厚い中間層の復活、働く貧困層の解消の必要性を強調している。

　月例賃金の要求目標としては、「底上げ」のための「上げ幅の指標」と「格差是正[255]」「底支え[256]」を念頭に置いた「水準の指標」の目安を示している。具体的には、すべての働く人の生活を持続的に向上させるマクロの観点と、各産業の「底上げ」「底支え」「格差是正」の取組み強化を促す観点から「前年を上回る賃上げをめざす」との方針を打ち出している。その上で「賃上げ分[257]3％以上[258]、定昇相当分（賃金カーブ維持相当分）を含め5％以上の賃上げを目安とする」との方針を示している。

---

[255] 目標水準として30歳266,000円（「2023闘争方針」との差額＋5,000円）、35歳296,000円（同＋6,000円）、最低到達水準として30歳252,000円（同＋8,250円）、35歳274,500円（同＋8,250円）を示している。

[256] 企業内のすべての労働者を対象に企業内最低賃金協定の締結「時給1,200円以上」（「2023闘争方針」との差額＋50円）を掲げている。「格差是正」における企業規模間格差と雇用形態間格差の最低到達水準にもなっている。

[257] 連合は例年、闘争方針において「ベースアップ」ではなく「賃上げ分」と称している。

[258] 内閣府の年央見通し（2023年度実質GDP1.3％、消費者物価2.6％）や日本全体の生産性上昇率のトレンド（1％弱）を念頭に、①国際的に見劣りのする賃金水準の改善、②労働市場における賃金の動向、③物価を上回る可処分所得の必要性などを総合的に勘案したとしている。

中小組合（組合員数 300 人未満）に対しては、企業規模間格差是正をより意識した取組みを求め、前年の「13,500 円以上」を上回る「15,000 円以上[259]を目安」とする要求水準を掲げている。

図 表 2-11 賃金要求指標と中小組合の取組み

	2024闘争方針	2023闘争方針
底上げ	・すべての働く人の生活を持続的に向上させるマクロの観点と各産業の「底上げ」「底支え」「格差是正」の取組み強化を促す観点から、前年を上回る賃上げをめざす。 ・賃上げ分3％以上、定昇相当分（賃金カーブ維持相当分）を含め5％以上の賃上げを目安とする。	・各産業の「底上げ」「底支え」「格差是正」の取組み強化を促す観点とすべての働く人の生活を持続的に維持・向上させる転換点とするマクロの観点から、賃上げ分を3％程度、定昇相当分（賃金カーブ維持相当分）を含む賃上げを5％程度とする。
格差是正	**企業規模間格差**　**雇用形態間格差** 目標水準　35歳：296,000円　30歳：266,000円　／　昇給ルールの導入（勤続年数で賃金カーブを描く）→勤続17年相当で　時給1,795円　月給296,000円以上 最低到達水準　35歳：274,500円　30歳：252,000円　企業内最低賃金協定：1,200円以上　／　企業内最低賃金協定　1,200円以上	**企業規模間格差**　**雇用形態間格差** 目標水準　35歳：290,000円　30歳：261,000円　／　昇給ルールの導入（勤続年数で賃金カーブを描く）→勤続17年相当で　時給1,750円　月給288,500円以上 最低到達水準　35歳：266,250円　30歳：243,750円　企業内最低賃金協定：1,150円以上　／　企業内最低賃金協定　1,150円以上
底支え	・企業内のすべての労働者を対象に協定を締結→生活を賄う観点と初職に就く際の観点を重視し「時給1,200円以上」	・企業内のすべての労働者を対象に協定を締結→生活を賄う観点と初職に就く際の観点を重視し「時給1,150円以上」
中小組合の取組み	・賃金カーブ維持相当分を確保した上で、自組合の賃金と社会横断的水準を確保するための指標を比較し、その水準の到達に必要な額を加えた総額で賃金引上げを求める。 ・賃金実態が把握できないなどの事情がある場合は、連合加盟組合平均賃金水準との格差を解消するために必要な額を加えて、15,000円以上（賃金カーブ維持分4,500円＋賃上げ目標金額10,500円）を目安に賃上げを求める。	・賃金カーブ維持相当分を確保した上で、自組合の賃金と社会横断的水準を確保するための指標を比較し、その水準の到達に必要な額を加えた総額で賃金引上げを求める。 ・賃金実態が把握できないなどの事情がある場合は、連合加盟組合平均賃金水準との格差を解消するために必要な額を加えて、13,500円以上（賃金カーブ維持分4,500円＋賃上げ目標金額9,000円）を目安に賃上げを求める。

出典：連合「2024 春季生活闘争方針」「2023 春季生活闘争方針」をもとに経団連事務局にて作成

賃金要求において、高い水準で推移している物価動向への対応として、「前年を上回る賃上げをめざす」との文言を新たに盛り込むとともに、「2023 闘争方針」[260]より表現を強めたことは労働運動として理解できる。加えて、「賃上げ分3％以上、定昇相当分（賃金カーブ維持相当分）を含め5％以上の賃上げ」を「目安」と位置付けたことで、企業労使において自社の実態を踏まえた検討・議論に資するともいえる。

---

[259] 賃金実態が把握できないなどの事情がある場合。15,000 円は連合加盟組合平均賃金水準（約 30 万円）の5％に相当する金額。15,000 円以上の内訳は、賃金カーブ維持分4,500 円＋格差是正を含む賃上げ分10,500 円以上。定期昇給制度がある場合は「賃金カーブ維持相当分を確保した上で、自組合の賃金と社会横断的水準を確保するための指標を比較し、その水準の到達に必要な額を加えた総額」を求めるとしている。

[260] 連合「2023 春季生活闘争方針」では、「賃上げ分を3％『程度』、定昇相当分（賃金カーブ維持相当分）を含む賃上げを5％『程度』とする」と記述していた。

賃金引上げの機運醸成に向けて、中小企業における構造的な賃金引上げが不可欠との方向性も経団連と同様である。生産性の改善・向上に自律的に取り組む中小企業に対するサポートを軸に、サプライチェーン全体での取組みや社会全体での環境整備を行うことで、中小企業における構造的な賃金引上げを実現することの重要性を説いている[261]。

一方、中小組合に対する「15,000円以上を目安」とする要求水準[262]については、まずは企業別労働組合が建設的な賃金交渉に資する要求を検討・決定することが望まれる。それを踏まえ、企業労使には、「賃金決定の大原則」に則り、自社の実態に照らして真摯に議論する責任がある。その結果として、月例賃金や初任給、諸手当、賞与・一時金（ボーナス）など多様な選択肢の中から、自社に適した結論を見出すことが強く求められている。

（3）「経営のパートナー」である労働組合との交渉・協議

2024闘争方針には、賃金要求だけでなく、多岐にわたる項目が記載されている。例えば、「『すべての労働者の立場にたった働き方』の改善」では、長時間労働の是正や雇用安定に向けた取組み、均等・均衡待遇の実現、人材育成と教育訓練の充実、60歳以降の雇用と処遇、テレワークの導入、障害者雇用の取組み、治療と仕事の両立推進などについて、総体的な検討と協議を行うとしている。

また、多様性が尊重される社会の実現に向け、「ジェンダー平等・多様性の推進」も打ち出している。ジェンダー・バイアス（無意識を含む性差別的な偏見）や、固定的な性別役割分担意識を払拭し、仕事と

---

[261] 詳細は115頁「(3) 中小企業における構造的な賃金引上げ」参照。
[262] 2023年の月例賃金引上げは、経団連の集計では中小企業8,012円（3.00％）、連合の集計では300人未満（組合員数）8,021円（3.23％）となっており、連合の「15,000円以上を目安」とする要求目標と乖離している。

生活の調和を図るため、両立支援制度を利用できる環境整備に向けた取組みを進めるとしている。

　春季労使交渉・協議は、賃金引上げ（特にベースアップ）だけを議論しているわけではない。多くの企業が、良好で安定的な労使関係の下、自社における様々な課題を共有しながら、働き手の成長につながる総合的な処遇改善・人材育成による「人への投資」促進のあり方などを含め、「経営のパートナー」である労働組合と交渉・協議を行っている。

　経団連は引き続き、「春闘」[263]ではなく「春季労使交渉・協議」と位置付けていることとあわせて、未来を「協創」する労使関係[264]の実現に向けて呼びかけていきたい[265]。

---

[263] 1955 年に8つの産業別労働組合が共闘して賃金引上げ要求を行ったことが初めとされ、当時は「春季賃上闘争」などと表された。1956 年の新聞の見出しに「春闘」の表現が登場し、翌年には新聞用語として定着したとされる。

[264] 連合は「2022 闘争方針」から「未来づくり春闘」を掲げている。2024 闘争方針では、「『未来づくり』とは、経済成長や企業業績の後追いではなく、産業・企業、経済・社会の活力の原動力となる『人への投資』を起点として、ステージを変え、経済の好循環を力強く回していくことをめざすもの」と記述している。

[265] 詳細は 126 頁「（6）未来を『協創』する労使関係」参照。

４．2024年春季労使交渉・協議における経営側の基本スタンス

（１）「構造的な賃金引上げ」の実現（基本方針）

　長きにわたるデフレから完全脱却し、持続的な成長を実現することが日本経済の最大の課題との認識の下、2023年の春季労使交渉において、経団連は、物価上昇という特別な状況を踏まえ、これまでにない高い熱量で賃金引上げを呼びかけた結果、月例賃金の引上げ率は30年ぶりの高水準を記録し、「構造的な賃金引上げ」実現に向けた起点・転換の年となった。

　2024年以降も、エネルギー・原材料価格の上昇や円安などを背景に物価上昇が続く中、「社会性の視座」に立って賃金引上げのモメンタムを維持・強化し、「構造的な賃金引上げ」の実現に貢献していくことが、経団連・企業の社会的な責務であるといえる[266]。物価動向への対応にあたっては、「急激な上昇局面（短期）」と「安定的・持続的な上昇局面（中期）」の両面から、自社の実情に合わせて賃金引上げを検討していくことが考えられる。

　今年の春季労使交渉・協議は、短期的な「コストプッシュ型」による高い物価上昇局面で行われることから、社内外の様々な考慮要素を総合的に勘案しながら適切な総額人件費管理の下で自社の支払能力を踏まえる「賃金決定の大原則」[267]に則った検討の際、特に物価動向を重視し、自社に適した対応について企業労使で真摯な議論を重ねて結論

---

[266] 「政労使の意見交換」（2023年11月15日）において、岸田総理から「デフレ完全脱却の千載一遇のチャンスが巡ってきている。このチャンスをつかみ取り、デフレ完全脱却を実現する。そのために、経済界においては、足下の物価動向を踏まえ、来年の春闘に向け、今年を上回る水準の賃上げの協力をお願いしたい」との発言があった。

[267] ①社内外の様々な考慮要素（経済・景気・物価の動向、自社の業績や労務構成の変化など）を総合的に勘案し、②適切な総額人件費（企業が社員を雇用するために負担する費用の総和）管理の下で、③自社の支払能力を踏まえ、④労使協議を経た上で、各企業が自社の賃金を決定する大原則のこと。

を得る必要がある。物価動向との比較検討[268]にあたっては、企業全体の賃金増加分（賃金総額の上昇率）だけではなく、働き手個々人における実際の賃金引上げ状況を表している「賃金引上げ率（制度昇給＋ベースアップ）」を用いるなど、多面的な見方も必要である。

　一方、中期的な検討では、イノベーション創出と設備投資を通じた持続的な生産性の改善・向上等による収益の拡大を原資に賃金引上げを実施し、個人消費が喚起・拡大され、適度な物価上昇が続き、収益がさらに拡大する好循環を回すこと[269]で、「構造的な賃金引上げ」を実現し、「成長と分配の好循環」につなげていくことが求められる。企業においては、自社の労働生産性の改善・向上を図ることで賃金引上げの原資を確保した上で、物価動向に留意しつつ、「賃金決定の大原則」に則り、成長の果実を、「人への投資」促進の両輪と位置付けている賃金引上げと総合的な処遇改善・人材育成として適切に反映するとの考え方に基づいた対応が必要となる。

　適度な物価上昇を前提に、為替の水準（円安状態）、労働力需給の状況（需給逼迫）、実質ＧＤＰ成長率の推移（安定上昇）なども勘案しながら、中期的に物価上昇に負けない賃金引上げを継続することが考えられる。政府・日銀に対しては、適度な物価上昇の実現に向けた政策を期待する。

　わが国全体の賃金引上げの機運醸成には、働き手の７割近くを雇用する中小企業における構造的な賃金引上げの実現が不可欠である[270]。経団連は引き続き、「パートナーシップ構築宣言」に参画する企業の一層の拡大と実効性の確保とともに、政府・地方自治体による支援策の

[268] 詳細は133頁TOPICS「実質賃金に関する考察」参照。
[269] 好景気で消費や投資が旺盛で需要が供給を上回り物価が継続的に上昇する「デマンドプル型」のインフレのこと。
[270] 詳細は115頁「（3）中小企業における構造的な賃金引上げ」参照。

拡充を働きかける。さらに、わが国の雇用者数全体の4割近くを占める有期雇用等労働者について、エンゲージメント向上を図りながら、賃金引上げ・処遇改善に取り組むことも重要である[271]。

また、社会保険料など法定福利費の増加は、賃金引上げによる可処分所得増大の効果を相殺している[272]。少子・高齢化の進行により法定福利費の増加が今後も見込まれる中、デフレからの完全脱却に向けて、賃金引上げの成果を個人消費の喚起に結びつけ、成長と分配の好循環へとつなげるべく、政府には、社会保障制度の持続可能性を高めるための改革の具体的な取組み[273]を速やかに実行するよう求めたい。

（２）自社に適した賃金引上げ方法の検討

2024年春季労使交渉・協議は、物価動向への対応はもとより、2023年より起動を始めた「構造的賃金引上げ」の実現に向けて、賃金引上げのモメンタムの維持・強化を継続できるか、極めて重要な年と位置付けられる。人材の確保・定着に向けた「人への投資」の重要性を踏まえながら、「分厚い中間層」の形成に向けた企業の社会的な取組みとの認識の下、各企業において、2023年以上の意気込みと決意をもって、賃金引上げの積極的な検討と実施を求めたい。

具体的には、月例賃金（基本給）、初任給、諸手当、賞与・一時金（ボーナス）を柱として、労使で真摯に議論を重ね、多様な方法・選択肢の中から適切な結論を見出すことが大切である。また、継続的に物価

---

[271] 詳細は118頁「（4）有期雇用等社員の賃金引上げ・処遇改善」参照。

[272] 厚生労働省「毎月勤労統計調査」と健康保険組合連合会「健保組合決算見込」をもとにした経団連の試算では、2022年度の一般労働者1人当たりの現金給与総額（調査産業計、常用雇用労働者数500人以上の事業所）は、賃金引上げのモメンタムが始まる前の2013年度と比べて157,563円（＋2.4％）増加したが、その間の社会保険料負担が94,863円（＋10.4％）増となったため、税引き前の賃金額の伸びは62,700円（＋1.0％）増となった。

[273] 政府は、「全世代型社会保障構築を目指す改革の道筋（改革工程）」（2023年12月22日閣議決定）において、今後、社会保障制度改革に取り組むとしている。

が上昇している局面では、基本給の水準引上げ（ベースアップ）で対応し、業績の変動は賞与・一時金（ボーナス）に反映することや、複数年度にわたって目指すべき賃金水準のあり方や賃金引上げの方針を労使で検討・決定することも一案といえる。

　ところで、政府から経済界に対し賃金引上げへの協力要請があったことを理由に、「官製春闘」ではないかとの指摘がある。賃金引上げは、「賃金決定の大原則」に則り、労使で様々な考慮要素を勘案・検討した上で、企業が主体的に判断した結果として実施するものである。2024年の春季労使交渉・協議はもちろん、今後もこの方針に変わりはない。

① 月例賃金

　月例賃金（基本給）の引上げにあたっては、物価上昇が続いていることに鑑みれば、制度昇給（定期昇給、賃金体系・カーブ維持分の昇給）に加え、ベースアップ実施を有力な選択肢として検討することが望まれる。その際、全社員を対象とする一律配分（定額・定率）や、物価上昇の影響を強く受けている可能性に配意して、若年社員や子育てを行っている社員、有期雇用等社員に重点配分することが考えられる。あわせて、自社の労務構成の変化に伴って増減する賃金総額の動向、賃上げ促進税制[274]等の政府による賃金引上げの環境整備・支援策などを活用した検討もあり得る。

　さらに、労働力不足が深刻化し、人材獲得競争がより激化する中、自社の賃金水準が国内外の企業に対して競争力を有しているかを検証

---

[274] 令和6（2024）年度税制改正により、賃上げ促進税制が延長・改組された。大企業向けは、令和8（2026）年度末を期限とし、継続雇用者給与等支給額の対前年度増加割合（3％以上、4％以上、5％以上、7％以上）に応じ、雇用者給与等支給額の対前年度増加額に対し一定割合（10％、15％、20％、25％）の税額控除を行うもの。その上で、教育訓練費増加要件や女性活躍・子育て支援要件を満たす場合、控除率をそれぞれ5％上乗せする。結果として控除率は最大35％となる。なお、資本金10億円以上かつ常時使用従業員数1,000人以上等の企業では、給与引上げの方針や取引先（消費税の免税事業者を含む）との適切な関係の構築の方針等を記載した「マルチステークホルダー経営宣言」をインターネット上に公表し、かつその事実を経済産業大臣に届け出ることも要件となる。

した上で、人材確保の観点から、必要に応じてベースアップ実施による賃金水準の引上げを含めた見直しを検討することが有益といえる。

働き手のエンゲージメント重視の観点からは、発揮能力や業績・成果等の評価に基づく査定配分、等級・資格・階層別の賃金項目への重点的な増額などによって賃金引上げを行うことが重要である。

② 初任給

2023年度は、初任給を引き上げた企業が大幅に増加[275]し、賃金引上げ方法として注目を集めた。この中には、長年にわたって初任給を据え置いてきた企業も含まれる。初任給を引き上げた理由としては、労働力不足に伴う新卒採用競争の激化や人材の確保・定着の観点などが挙げられる。2024年においても、初任給引上げは、賃金引上げの有力な選択肢となる。

初任給引上げにあたっては、若年社員の賃金水準との差が軽微な場合のモチベーション低下や、逆転による賃金カーブの歪みなどが生じないようにしなければならない。したがって、初任給を大幅に引き上げる場合には、全体的なベースアップ実施や、若年社員を対象とした重点的なベースアップによる賃金カーブの一部是正などとあわせて検討すべきである。その際、初任給引上げに必要な原資だけでなく、自社の総額人件費管理と支払能力を踏まえて検討する必要がある。

③ 諸手当

諸手当については、生活関連と職務関連とに大別してそのあり方を再確認し、必要に応じて個々の手当を見直すことが考えられる。例えば、同一労働同一賃金法制への対応の観点から、生活関連手当を改変する一方、働き手の能力開発・スキルアップに資する職務関連手当（技

---

[275] 労務行政研究所「2023年度 新入社員の初任給調査」によると、東証プライム上場企業157社のうち、2023年度に初任給を全学歴引き上げた企業は70.7％で、前年度集計（41.8％）から大幅に増加した。

能・技術手当や資格手当等）を拡充するといった対応も一案となる。

　物価動向への対応としては、自社の賃金体系全体を俯瞰する中で、生活関連手当の増額や、インフレ手当・物価対応手当等の創設を検討することも考えられる。

　配偶者手当[276]の支給に際して配偶者の収入による制限を設けている企業においては、働き方に中立的なものとなるよう、配偶者手当のあり方を含めて再確認する必要がある。その上で、例えば、配偶者手当の廃止・縮小で生じた原資によって、子供を対象に支給する手当の増額や新たな手当の創設、基本給への一部組み入れなど、自社に適した見直しを行うことが望まれる。

④ 賞与・一時金（ボーナス）

　「賞与・一時金」（ボーナス）は夏と冬の年2回、多くの企業において、短期的な収益の動向に基づいて原資を定めた上で、毎月の基本給数ヵ月分に相当する金額を社員に支給している。

　短期的な収益・生産性が安定的に改善・向上している企業では、前年より多く原資を確保し、自社の制度に則って社員個々人の成果や貢献度等の評価に基づいて金額を決定し、適切に支給する必要がある。

　物価上昇への対応としては、賞与・一時金の支給時に特別加算を行うこと（物価対応加算、生活支援加算など）や、賞与・一時金と異なるタイミング（年・半期・四半期単位、随時等）で特別一時金を支給するといった対応も考えられる。

---

[276] 扶養家族をもつ従業員に対して、扶養家族に応じて支給される手当（家族手当や扶養手当など）のうち、配偶者を対象に支給されるもの。詳細は149頁TOPICS「配偶者手当の現状と課題」参照。

（３）中小企業における構造的な賃金引上げ

　わが国全体で賃金引上げの機運を醸成し、「構造的な賃金引上げ」の実現を図っていくためには、中小企業[277]における賃金引上げが不可欠である。2023年の春季労使交渉では、中小企業においても約30年ぶりの高い賃金引上げが実施された[278]。しかし、業績の改善・向上等がみられないにもかかわらず、人材の定着・確保を目的に賃金引上げを実施した中小企業が多い[279]との指摘がある。

　生産性の改善・向上に自律的・自発的に取り組んでいる中小企業に対するサポートを軸に据え、サプライチェーン全体での価格転嫁等に資する施策を推進し、社会全体で環境整備に取り組むことが極めて重要である。とりわけ、社会活動を支えるエッセンシャルワーカーが従事する業種において、生産性を改善・向上し、構造的な賃金引上げの実現につなげていくことが求められる。

① 中小企業における取組み

　中小企業自身が政府等による各種施策を有効に活用しながら自律的・自発的に生産性の改善・向上に取り組む必要がある[280]。その上で、中小企業が提供する製品・サービスが市場で適正に評価され、付加価値に見合った対価が得られるよう、サプライチェーン全体を通じ、適

---

[277] 中小企業庁「2023年版 中小企業白書」によると、2016年において、中小企業基本法等の定義に基づく中小企業の数（中規模企業＋小規模企業）は約358万者と日本の全企業数の99.7％を占める。また、中小企業の従業者数は、約3,220万人と全従業員数（約4,679万人）の68.8％を占める。2015年において、中小企業の付加価値額は、約135兆円と全付加価値額（約256兆円）の52.9％を占める。

[278] 詳細は94頁「1. 2023年春季労使交渉・協議の総括」参照。

[279] 日本商工会議所「商工会議所LOBO調査（早期景気観測調査）」（2023年12月）によれば、2023年度において「賃上げを実施」と回答した企業は64.4％で、このうち「業績の改善がみられないが賃上げを実施（防衛的な賃上げ）」と回答した企業は40.5％であった。

[280] 詳細は57頁TOPICS「中小企業における生産性の改善・向上の事例」、139頁TOPICS「中小企業の賃金引上げに関する現状と課題」参照。

正な価格転嫁[281]は当然との認識を社会で共有すべきである。その際、原材料費やエネルギー価格だけでなく、運送費に加え、労務費・人件費の増加分[282]を「人への投資」として価格転嫁することが重要である。

　あわせて、自社の製品・サービスに対する実際の取引・販売価格が、市場での適正価格を下回っている場合には、その乖離を解消して適正な利益を得ることも必要である。加えて、無償で提供しているサービスのうち、必要に応じて適切な対価を求めることも考えられる。

② サプライチェーン全体での取組み

　生産性の改善・向上に向けて自律的・自発的に取り組む中小企業をサプライチェーン全体でサポートすべく、その最下流に位置する大企業や経団連が社会的な役割を果たす必要がある。大企業においては、中小企業からの適正な価格転嫁の申し出をスムーズに受け入れられるよう、経営層から取引担当者に至るまで周知徹底を図り、行動変容につなげることが望まれる。あわせて、発注・取引条件の改善・見直し等を通じて、中小企業の賃金引上げ原資の持続的な確保に貢献するとともに、DX・GXの推進に労使協力して取り組むことが望まれる。

　こうした取組みを一層推進すべく、経団連は引き続き、「パートナーシップ構築宣言[283]」に参画する企業の拡大と実効性の確保を強力に働きかけていく。本報告書の周知活動などを通じて、経団連の全会員企

---

[281] 中小企業庁「価格交渉促進月間（2023年9月）フォローアップ調査の結果について（速報版）」（2023年11月）によると、「発注側企業から交渉の申し入れがあり、価格交渉が行われた」割合は、前回調査（2023年3月）より概ね倍増（7.7％→14.4％）し、「価格交渉を希望したが、交渉が行われなかった」割合は10ポイント程度減少した（17.1％→7.8％）。一方、「コストは上昇したが、下請の方から『価格交渉は不要』と判断し、交渉しなかった」割合が16.8％存在している。

[282] 中小企業庁「価格交渉促進月間（2023年9月）フォローアップ調査の結果について（速報版）」（2023年11月）によると、労務費を「一部でも価格転嫁できた」割合は、回答企業の52.7％であり、原材料費に係る割合（58.5％）を5.8ポイント下回っている。

[283] 下請け中小企業振興法の「振興基準」の遵守など望ましい取引慣行の実行を企業の代表者が宣言する取組み。宣言企業数は、約38,100社。経団連会員企業1,551社のうち802社（51.7％）が宣言済み。経団連の会長・副会長・審議員会議長・副議長企業37社ではすべての企業、常任幹事・幹事企業586社では492社（84.0％）が宣言済み（2023年12月28日現在）。

業はもとより、全国の企業経営者に参画を広く促し、社会的規範にする必要がある。さらに、同宣言の実効性を確保・向上すべく、参画している旨を経営層から営業や調達等にかかる担当社員に至るまで、社内に徹底的に浸透させるよう呼びかける。

あわせて、内閣官房および公正取引委員会が公表した「労務費の適切な転嫁のための価格交渉に関する指針」[284]を踏まえ、発注者および受注者双方の企業に対し、労務費を適切に転嫁するための価格交渉を積極的に進める行動を求めたい。加えて、意見交換の場を設置するなど中小企業団体との連携を図るほか、政府・地方自治体に対して、安全かつ強靭で効率的なサプライチェーンの構築に向けた支援策等の拡充を働きかけていく。

図表 2-12　サプライチェーン全体での取組み（イメージ）

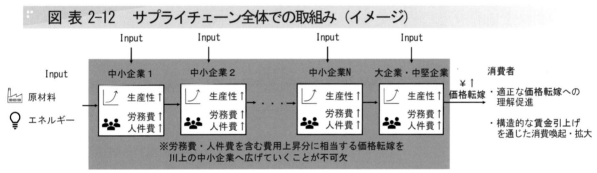

③ 社会全体での環境整備

中小企業とサプライチェーン全体による取組みを通じて、生産性の

---

[284] 2023年11月29日公表。労務費の転嫁に係る価格交渉について、発注者及び受注者それぞれが採るべき行動や求められる行動を12の行動指針に取りまとめた。発注者側の行動の例として、①本社（経営トップ）の関与：労務費の上昇分について取引価格への転嫁を受け入れる取組み方針を経営トップまで上げて決定し、社内外に示すとともに、その取組み状況を定期的に経営トップに報告すること、②発注者側からの定期的な協議の実施：定期的に労務費の転嫁について受注者側との協議の場を設けること、③説明・資料を求める場合は公表資料とすること：根拠資料の提出を受注者に求める場合は、公表資料（当該地域の最低賃金の上昇率、春季労使交渉の妥結額やその上昇率など）に基づくものとし、受注者が公表資料を用いて提示して希望する価格については合理的な根拠のあるものとして尊重すること、④サプライチェーン全体での適切な価格転嫁を行うこと：受注者がその先の取引先との取引価格を適正化すべき立場にいることを常に意識して、受注者からの要請額の妥当性の判断に反映させること、⑤受注者からの要請があれば協議のテーブルにつくこと、⑥必要に応じ労務費上昇分の価格転嫁に係る考え方を提案することなどを記している。このほか、「留意すべき点」に記載されている行為など同指針に記載の12の行動指針に沿わない行為によって公正な競争を阻害するおそれがある場合には、独占禁止法及び下請代金法に基づき厳正に対処するとしている。

改善・向上と価格転嫁等を実現し、「成長と分配の好循環」の歯車を力強く駆動させていく必要がある。その際、医療・福祉業や宿泊業、飲食サービス業など、大企業とサプライチェーンを形成していることが少ないと見込まれる業種においては、「パートナーシップ構築宣言」への参画はもとより、価格転嫁と生産性の改善・向上を着実に推進できるよう社会的な支援が肝要である。

政府・地方自治体には、中小企業の賃金引上げがわが国経済の活性化に寄与するとの観点から、「人への投資」促進の視点も踏まえつつ、生産性の改善・向上、価格転嫁の推進に資する各種施策[285]の実施・拡充および周知徹底とともに、利用実績の検証を求めたい。

消費者においては、適正な価格転嫁に対する理解と、それに伴う適正な販売価格アップを受容するとともに、無償で提供を受けているサービスのうち、費用等が本来発生しているものを含めて適正な対価を支払うという意識改革が必要となる。これは、製品・サービスの品質向上や高付加価値化のみならず、デフレマインドの払拭と消費の喚起・拡大による「成長と分配の好循環」の実現につながる重要課題である。こうした認識を社会全体で共有し、中小企業の生産性の改善・向上と価格転嫁等の双方を達成することが強く望まれる。

（4）有期雇用等社員の賃金引上げ・処遇改善

有期雇用等労働者は、わが国の雇用者数全体の4割弱（36.9%）[286]を占めており、企業の人事戦略上、重要性が高まっている。企業は、自

---

[285] 経済産業省のものづくり補助金や持続化補助金、厚生労働省の業務改善助成金や働き方改革推進支援助成金など。詳細は142頁TOPICS「中小企業の賃金引上げに関する現状と課題」の図表2-27「中小企業の生産性の向上等に向けた政府の主要施策」参照。

[286] 総務省「労働力調査」（2023年1月）によると、2022年平均の雇用者数（役員を除く）は5,699万人で、このうち、「正規の職員・従業員」は3,597万人（63.1%）、「非正規の職員・従業員」は2,101万人（36.9%）であった。

社に必要な人材の確保・定着を図るため、有期雇用等社員のエンゲージメント向上とともに、賃金引上げ・処遇改善や正社員登用等に取り組む必要がある。また、有期雇用等社員として働いている女性労働者が多いことから[287]、有期雇用等社員の賃金引上げ・処遇改善は、結果として男女間の賃金格差の縮小に寄与する可能性がある。

① 同一労働同一賃金法制に基づく対応

有期雇用等社員の賃金や処遇の検討にあたっては、同一労働同一賃金法制（均等・均衡待遇）を踏まえ、自社の各制度の現状を確認することが基本となる。具体的には、同一労働同一賃金ガイドラインや判例・裁判例を参考として、基本給や諸手当、賞与、休暇等について、それぞれの趣旨と目的を確認した上で必要に応じて見直すことで、正社員とのバランスを確保しておかなければならない[288]。

2024年の春季労使交渉・協議においては、物価上昇の影響を強く受けている可能性の高い有期雇用等社員に配慮すべく、基本給（時給）の引上げや物価対応手当等の新設・拡充、賞与・一時金の加算など、自社の状況に適した方法による検討・実施が肝要である。

② 能力開発・スキルアップ支援

厚生労働省の調査によると、わが国企業の有期雇用等社員に対するＯＪＴやＯｆｆ－ＪＴの実施状況は、正社員に対する実施状況に比べて大幅に低い状況が続いている[289]。有期雇用等社員のエンゲージメントを高めるとともに、職務価値と賃金水準のより高い仕事に従事して

---

[287] 総務省「労働力調査」（2023年1月）によると、有期雇用等労働者数2,101万人（2022年平均）の内訳は、男性が669万人（31.8%）、女性が1,432万人（68.2%）であった。

[288] 詳細は152頁TOPICS「同一労働同一賃金法制と有期雇用等労働者の待遇改善」参照。

[289] 厚生労働省「令和4年度能力開発基本調査」（2023年5月）によると、計画的なＯＪＴを「正社員に対して実施した事業所」は60.2%、「正社員以外に対して実施した事業所」は23.9%であった。また、Ｏｆｆ－ＪＴを「正社員に対して実施した事業所」は70.4%、「正社員以外に対して実施した事業所」は29.6%となり、いずれも正社員以外は正社員と比べて低くなっている。

もらうためには、正社員と同様に能力開発・スキルアップ支援を推進し、エンプロイアビリティを向上させていくことが欠かせない。

企業においては、自社の事業や人材育成の方針、社員のニーズなどを踏まえ、総合的な処遇改善・人材育成の観点から、人材育成支援メニューの見直し・拡充をする必要がある。中小企業には、政府が提供する助成金の活用[290]も含めた検討が望まれる。

③ 正社員登用の推進

意欲と能力のある有期雇用等社員を積極的に正社員に登用[291]し、より高い職務・役割を担ってもらうことで、賃金や処遇を改善していくことも有益である。その際、働き方に対する多様なニーズに対応できるように、職務内容や勤務地などを限定した正社員制度（多様な正社員制度）の導入・拡充[292]を検討することも一案となる[293]。

④ 専門能力を有する有期雇用等社員への対応

有期雇用等社員の中には、高度な技能・専門性を要する、重要かつ時限的な事業やプロジェクトに従事することを目的として、期間を定めた雇用契約の下で働く者が一定程度存在する[294]。

自社の事業戦略に基づき、高度専門型ともいえる有期雇用等社員の

---

[290] 中小企業が社員に職業訓練を実施した場合に訓練経費や訓練期間中の賃金の一部を支援する「人材開発助成金」があるほか、在職中の有期雇用等労働者のリスキリングを支援するため、厚生労働省は2024年度より、働きながら学びやすい職業訓練の試行事業を進めるとしている。

[291] 経団連「2022年人事・労務に関するトップ・マネジメント調査結果」では、有期雇用等労働者を雇用している企業のうち、正社員登用制度がある企業は70.9％、職務内容や勤務地を限定した正社員への登用制度がある企業は30.3％であった（複数回答）。これらの制度がある企業の88.8％は2022年に登用した実績があった。

[292] 厚生労働省「令和4年度雇用均等基本調査結果」（2023年7月）によると、多様な正社員制度を就業規則等で明文化している事業所は24.1％であった。また、各制度の利用状況は、「勤務地限定正社員制度」（44.8％）が最も多く、これに「職種・職務限定正社員制度」（38.6％）、「短時間正社員制度」（32.6％）が続いている。

[293] 有期雇用等労働者を正社員化した事業主を支援する「キャリアアップ助成金」は、中小企業には1人当たり60万円（2人目以降50万円）、大企業には同45万円（同37.5万円）を支給している。さらに、多様な正社員制度を新たに規定し、当該雇用区分に転換等した場合には中小企業40万円、大企業30万円が加算される。

[294] 経団連「2023年人事・労務に関するトップ・マネジメント調査結果」によると、24.9％の企業が専門能力を有する有期雇用等社員を雇用しており、そのうちの61.3％が当該有期雇用等社員に対して社内の正社員より高い賃金水準を設定している。具体的には、弁護士や一級建築士などの国家資格者、ＡＩやＩｏＴなどのＩＴ分野、金融・会計分野等における高度な専門知識を有する人材を有期雇用等社員としている例がある。

さらなる登用を推進するとともに、当該社員に対して、契約期間の長さや職務の内容・難易度、責任の範囲と程度、業務遂行に必要な専門的知識・資格などを総合勘案し、自社の正社員の平均賃金より高い賃金水準を設定することで、有期雇用等社員の賃金引上げや処遇改善を図っていくことも選択肢となる。

⑤ 最低賃金の引上げ

すべての企業に適用される地域別最低賃金は2016年度以降、コロナ禍の影響に配慮をした2020年度を除き、全国加重平均で3％以上の引上げが続いている[295]。地域別最低賃金の引上げは、主に有期雇用等労働者の賃金引上げに少なからず影響を与えている[296]。

毎年の地域別最低賃金改定を踏まえ、各企業においては、自社の有期雇用等社員の賃金水準が適法かどうかとあわせて、産業ごとに設定される特定最低賃金[297]の有無とその水準も確認する必要がある。さらに、自社の正社員の初任給水準（特に高校卒）が、適用される最低賃金額以上となっているか、特に初任給を長年改定していない企業において確認が求められる。加えて、法定最低賃金への対応だけではなく、物価上昇による影響への配意や人材の確保・定着などの観点から、自社の有期雇用等社員の賃金水準が適切かどうかの検証が望まれる。

日本労働組合総連合会（連合）は近年、企業内最低賃金協定[298]の締結とその水準の引上げを要求指標[299]として掲げている。この方針を受け

---

[295] 詳細は52頁「（1）地域別最低賃金」参照。

[296] 厚生労働省「令和5年版 労働経済の分析–持続的な賃上げに向けて–」によると、最低賃金1％の引上げは、パートタイム労働者下位10％タイルの賃金を0.85％、中位値の50％タイルの賃金を0.73％引き上げる可能性があるとしている。

[297] 地域内の特定産業ごとにその基幹的労働者と使用者に対して適用される最低賃金のこと。詳細は55頁「（2）特定最低賃金」参照。

[298] 法定の最低賃金とは別に、各企業が自社内における最低賃金や年齢別の最低賃金などを企業別労働組合と協議・決定し、協定として締結したもの。

[299] 連合「2024春季生活闘争方針」では、企業内のすべての労働者を対象とした企業内最低賃金協定の締結「時給1,200円以上」（「2023闘争方針」との差額+50円）を求めている。

て、多くの企業別労働組合から企業内最低賃金協定の締結や金額引上げの要求が出され、企業別労使で議論されている[300]。その際、自社の企業内最低賃金協定が、当該地域における特定最低賃金の新設や金額改正の申し出に使用される場合があるなど、「企業内」にとどまらず、同じ産業に属する他の企業全体に影響が及ぶ可能性があることにも留意する必要がある。

（5）総合的な処遇改善・人材育成による「人への投資」促進

　企業の持続的な成長には、イノベーション創出によって高い付加価値を生み出す必要がある。それを担う人材[301]の確保・育成に向けて、企業には、総合的な処遇改善・人材育成による「人への投資」の促進が求められる。働き手のエンゲージメント向上と適切な分配を念頭に置きながら、各施策について前向きな検討・実施が望まれる。

　総合的な処遇改善・人材育成は、多くの企業労使で議論が行われた結果、人材育成施策の拡充や時間外労働の削減、年次有給休暇の取得促進、社員の健康保持・増進策などの取組みの形で着実に進展している。この流れを加速させるべく、これまで経労委報告等で呼びかけてきた「働きがい」「働きやすさ」に加え、「担当業務との関連度合い」や「対象とする社員」の観点からの検討も一考に値する。

---

[300] 連合「2023春季生活闘争のまとめ」によると、企業内最低賃金協定の要求・交渉を行った組合は1,425組合（闘争前協約あり1,308組合・なし117組合）。このうち、闘争前に協約があり、基幹的労働者の定義を定めている組合の基幹的労働者の平均企業内最低賃金は月額172,339円・時間額1,068円、基幹的労働者の定義を定めていない場合は月額170,937円・時間額1,000円であった。
[301] 例えば、企業のDX化を推進する人材などが考えられる。

① 「働きがい」向上と人材育成の観点

働き手の「働きがい」向上には、主体的なキャリア形成と能力開発・スキルアップの支援が鍵となる[302]。

主体的なキャリア形成支援[303]には、マネジメント層の人材育成力[304]を高めた上で、部下とのキャリア面談やコーチング、ティーチングを実施することが重要である。働き手がキャリアコンサルタントなどの専門家に相談できる体制の整備も有益である。中小企業など自社での相談体制の整備が困難な場合には、ハローワークのキャリアサポートセンター[305]の活用も考えられる。

能力開発・スキルアップ[306]の支援策としては、ＯＪＴとＯｆｆ−ＪＴを組み合わせた形で、自社の事業戦略・人材戦略に沿った育成プログラムを構築・実施する必要がある。さらに、自己啓発費用補助による経済面での支援のほか、時短勤務制度や企業版サバティカル休暇の導入・拡充など制度面でのサポートも選択肢となる。中小企業では、人材開発支援助成金[307]などの公的支援を活用した施策の充実も一案となる。

現場業務に従事する社員に対しては、リスキリングのための教育プログラムや公募制プロジェクトなど、自社の競争力の源泉ともいえる技術・技能の習得・向上に資する人材育成施策の強化が望まれる。

---

[302] 2023年3月期以降、人材育成の方針や社内環境整備の方針、当該方針に関する指標の有価証券報告書への記載が義務付けられている。各企業には、自社の人材育成に関する実態を把握し、必要な施策を考案、実行することが求められる。

[303] 詳細は25頁「（2）企業の取組み ② 在職中」参照。

[304] 例えば、コミュニケーション能力や指導力を身に付ける研修・セミナーの受講などが挙げられる。

[305] キャリアコンサルティングによる在職者のサポート、社員のキャリア形成等に関する企業への支援等を実施（相談支援件数24,488件（2022年度）。2024年度から「リ・スキリング支援コーナー（仮称）」に名称変更し、キャリアコンサルタントの常駐や巡回派遣など体制を整備し、在職時からのキャリアアップの相談・支援を強化する。

[306] 詳細は20頁「② キャリアプラン実現のためのスキルアップ」参照。

[307] 雇用保険二事業における助成金の一つで、事業主等が雇用する労働者に対して、職務に関連した専門的な知識、技能を習得させる職業訓練を計画に沿って行った場合に、訓練経費や訓練期間中の賃金の一部などが助成される。

② 「働きやすさ」向上の観点

　「働きやすさ」の向上策には、ワーク・ライフ・バランスや心身の健康確保に向けた諸施策の推進、柔軟な働き方・職場環境の整備などが挙げられる。

　ワーク・ライフ・バランスに関する施策としては、時間外労働の削減、年次有給休暇の取得促進のほか、勤務間インターバル制度や休暇制度[308]、育児・介護関連支援策の導入・拡充などが考えられる。特に、中小企業においては、働き方改革推進支援助成金[309]などを活用し、時間外労働の削減や年次有給休暇の取得促進[310]を図ることも有益である。

　心身の健康確保に向けた施策では、人間ドック等に要する費用補助や定期健康診断の検査項目の追加、メンタルヘルス対策の拡充、病気治療と仕事の両立支援制度の導入・拡充などが一案となる。特に、身体的な負担が重く、労働災害発生確率が相対的に高い現場業務の社員には、負担軽減策[311]や安全衛生対策などの導入・拡充が不可欠である。

　柔軟な働き方・職場環境の改善では、フレックスタイム制や裁量労働制、テレワーク制度、ワーケーション制度、遠隔地勤務制度などの導入・拡充が考えられる。テレワーク活用に適したオフィスへのリニューアル[312]、サテライトオフィスサービスを利用した施設・設備面の改善も選択肢となり得る。

---

[308] 例えば、不妊治療休暇やキャリアデザイン休暇、配偶者帯同休暇、地域活動を行う社員に対して付与する休暇など、社員のライフステージや本人の希望に合わせた休暇が挙げられる。

[309] 生産性を高めながら労働時間の縮減等に取り組む中小企業・小規模事業者や、傘下企業を支援する事業主団体に対する助成金のこと。①労働時間短縮・年休促進支援コース、②勤務間インターバル導入コース、③労働時間適正管理推進コース、④団体推進コースがある。2023年度の申請受付は終了しているものの、2024年度も4月1日から申請受付が開始される見込み。

[310] 厚生労働省「令和5年就労条件総合調査」によると、2023年の労働者1人平均年次有給休暇取得率は、1,000人以上の企業で65.6%、100～299人の企業で62.1%、30～99人の企業で57.1%であった。

[311] ロボットやドローン等を活用した作業工程の自動化・遠隔化、ウェアラブル端末を利用した社員の健康状態の把握・管理などの例がある。

[312] コラボレーションやレクリエーションスペースの拡充、フリーアドレス化など、出社する社員同士の交流を促進する環境整備が考えられる。

③ 「担当業務との関連度合い」の観点

　現在の担当業務と関連度合いの高い知識の習得や能力開発・スキルアップのために、ＯＪＴ・Ｏｆｆ－ＪＴやリスキリングを含むリカレント教育の実施、企業版サバティカル休暇制度の導入・拡充などはもとより、今後のキャリアを見据えた働き手に対する支援策を検討する観点も重要である。

　例えば、現在の担当業務との関連度合いが低くても、財務諸表や知的財産権に関する知識の習得、パソコンスキルの向上、ＩＴスキルの獲得、他の業務遂行に必要な資格の取得などに対する経済的支援と時間的配慮を行うことが考えられる。

④ 「対象とする社員」の観点

　就労ニーズが多様化する中、働き手個々人に適する形で「人への投資」を行い、効果的にエンゲージメントを高める観点からは、「対象とする社員」を絞って重点的な施策を検討することが有益といえる。

　「雇用形態」に焦点を当てた施策では、意欲と能力のある有期雇用等社員を対象とした正社員登用制度の導入・拡充が考えられる[313]。

　「能力の発揮度合い」では、社内試験や評価を踏まえた選抜型研修の実施、国内外の大学・大学院への留学、当該業務に必要な職能を有することを前提とした社内公募制・ＦＡ制度の導入も一案である。

　「働き手のライフイベント」に着目した場合、例えば、出産や育児を控える社員に対する両立支援として、育児休業の取得促進だけでなく、自社の育児支援制度に関する社内周知の徹底、時間外・休日労働の削減・免除、短時間勤務制度の導入・適用拡大、事業所内保育施設の整備なども検討に値する施策といえる。

---

[313] 詳細は42頁「（3）有期雇用等労働者」参照。

図 表 2-13　総合的な処遇改善・人材育成施策（イメージ）

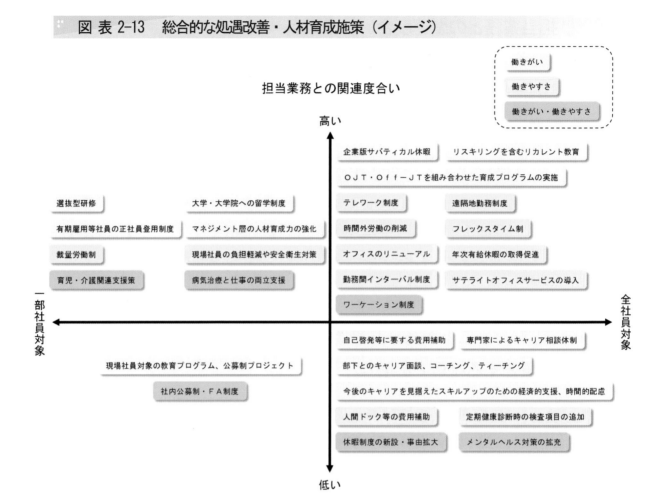

注：各施策の位置はイメージであり、担当業務との関連度合いや対象とする社員の範囲を表してはいない。

（6）未来を「協創」する労使関係

　「構造的な賃金引上げ」の実現に向けて、企業は、生産性を改善・向上し、賃金引上げの原資を継続的に確保して、賃金引上げのモメンタムの維持・強化を図る必要がある。さらに、賃金引上げと総合的な処遇改善・人材育成など「人への投資」を通じた「成長と分配の好循環」の形成には、重要なステークホルダーであり、経営のパートナーでもある働き手と労働組合の理解と協力が欠かせない[314]。

---

[314] 経団連「2023年人事・労務に関するトップ・マネジメント調査結果」によると、2023年春季労使交渉で労働組合と議論した項目（複数回答）として、24.3%の企業が「労働生産性の改善・向上策」を挙げているほか、今後重視したい項目（3つまで）では38.5%で最も多くなっている。

　近年、有期雇用等社員や中小企業の社員を中心に、労働組合に属していない働き手も多い[315]。労働組合との集団的労使関係に加え、様々なレベルや階層、チャネルによる個別的労使関係にも配意したコミュニケーションの重要性が増している。

　また、春季労使交渉・協議の期間中に結論を得ることが難しい総合的な処遇改善・人材育成に関する事項は、労使委員会等を別途設置し、年間を通じた検討・協議によって、自社の諸課題を克服する最適解を共に導き出すことが望まれる。

　ところで、M＆A（合併・買収）[316]に伴う経営陣の交代や経営方針・企業風土の変容、労働条件に対する不安等に端を発して、数十年振りに大規模なストライキが実施[317]されたことは記憶に新しい。この件を受けて、日本の労使協調路線が転換するのではないかとの指摘がなされた。

　わが国の労使関係は、戦後の大規模なストライキを経験し、長い時間にわたる紆余曲折を経て、多くの企業において労使協調路線を構築してきた。近年においても、リーマンショックを契機とした世界同時不況や東日本大震災、新型コロナウイルス感染症の拡大など、幾多の困難に労使で共に取り組み、克服してきた[318]。こうして形成された良好で安定的な労使関係は、適切な緊張感と距離感の下、軽々に揺らぐものではないと確信している。

---

[315] 厚生労働省「令和5年労働組合基礎調査」によると、推定組織率（雇用者に占める労働組合員数の割合）は規模計15.6％に対し、労働組合員数1,000人以上規模が39.8％、同100〜999人規模が10.2％、99人以下規模が0.8％、パートタイム労働者8.4％となっている。

[316] レコフデータの調査によると、2017年以降、新型コロナウイルス感染症が拡大した2020年を除き、M＆A件数は過去最多を更新し続け、2022年は4,304件であった。

[317] 厚生労働省「労働争議統計調査」によると、労働組合による総争議は1974年の10,462件（うち争議行為（ストライキやロックアウト、サボタージュなど）を伴う争議は9,581件）をピークに減少傾向にあり、2022年は270件（同65件）となっている。

[318] 詳細は155頁TOPICS「日本の労使関係」参照。

毎年春になると、「春闘」[319]という言葉を見聞きする。経団連は、対立的な関係を想起させる「春季生活闘争」や「春闘」ではなく、「経営のパートナー」である労働組合との話し合いの場との認識から、「春季労使交渉・協議」と称すべきと発信し続けている。

　こうした強い思いから、2023年版経労委報告では「未来を『協創』する労使関係を目指して」と題し、「闘争」ではなく、「協創」する労使関係構築の重要性を訴えた。こうした認識を労使間に行き渡らせ、広く共有することが望まれる。

　そこで、2024年版報告では、あえて前年版報告と同じ文言を使って呼びかけることとしたい。すなわち、労使は、「闘争」関係ではなく、価値協創に取り組む経営のパートナーであるとの認識をより強くしながら、経団連は、わが国が抱える社会的課題の解決に向けて、未来を「協創」する労使関係を目指していく。

　2024年の春季労使交渉・協議が、その実現に資する大きな一歩を刻むことを切に希望する。

---

[319] 1955年に8つの産業別労働組合が共闘して賃金引上げ要求を行ったことが初めとされ、当時は「春季賃上闘争」などと表された。1956年の新聞の見出しに「春闘」の表現が登場し、翌年には新聞用語として定着したとされる。連合は「春季生活闘争」を正式な用語としつつ、組織外への発信に向けて短くなじみやすい表現として「春闘」を用いている。

TOPICS

物価上昇局面における賃金引上げの動向

（1）継続する物価上昇

　コロナ禍からの回復基調による世界経済の需要増に加えて、不安定な国際情勢や円安基調を背景として、わが国経済は2022年度に続き物価上昇局面にある。賃金との関係で参照されることの多い「持家の帰属家賃を除く総合」[320]は、2022年度の対前年度比が＋3.8％、2023年4－11月平均の前年同期比は＋3.8％と、2年度連続で4％台をうかがう勢いで推移している。これは、1970年代の2次にわたる石油危機時より低いものの、年度ベースでは1981年度（＋4.0％）以来の高い伸び率となっている。

　そこで、物価上昇局面における賃金引上げを考える上で、1970年代の2つの石油危機時において、労使がどのように対応したのかを振り返る。

（2）石油危機時における対応

① 第1次石油危機時

　1973年秋に発生した第1次石油危機は、「狂乱物価」と呼ばれた急激な物価高騰をもたらし、1973年度の消費者物価上昇率は＋16.1％を記録した。1974年の春季労使交渉は、日本労働組合総評議会（総評）が前年の「3万円以上、30％以上」の要求基準を「3万5,000円ないし4万円」に引き上げて行われた。労使交渉の結果、賃金引上げ率は過去最高の＋30.6％（引上げ額27,445円）に達した（経団連調査）。

　そこで、労働問題専門の経営者団体である日本経営者団体連盟（日経連）は、1974年11月に「大幅賃上げの行方研究委員会報告」を公表した。同報告は、第1次石油危機下で発生したインフレと不況の併存、いわゆるスタグフレーションの原因について、原油価格高騰と円安などに加えて、「物的生産性向上率を上回る賃上げ」と指摘した。これは、生産性向上を上回る賃金引上げは、生産コストの上昇を通じて物価上昇につながるとの考え方（生産性基準原理[321]）から派生したものだった。さらに、同報告は、「1975年度は経過措置として15％以下、1976年度以降は1ケタ台の賃上げガイドポストを設ける」との方針を打ち出した。

　一方、労働側は、「前年度の獲得実績プラスアルファの考え（中略）の繰り返しは、今日この局面では通用しにくい情勢になってきた」「これからはいかに実質的に、しかも経済成長に見合ってわれわれが計画的に賃上げを考えていくかが、重要なポイントになる」[322]との考えを

---

[320] 消費者が実際に購入する財・サービスの物価の動きを把握するため、「総合」から、実際に市場での売買がない「持家の帰属家賃」（持家世帯が住んでいる住宅を貸家だと仮定した場合に支払われるであろう家賃）を除いたもの。

[321] 日経連が1970年以降の春季労使交渉において提唱した考え方。生産性上昇の枠内で賃金を引き上げれば、インフレーションは起こらず、経済も安定するとして、生産性上昇に見合った賃金引上げを呼びかけた。

[322] 1974年8月の日本鉄鋼産業労働組合連合会（鉄鋼労連）大会における宮田義二委員長（当時）の発言。

示し、マクロ経済動向との整合性を重視した賃金要求（経済整合性論）へと闘争目標を転換する意向を表明した。

　この結果、1975年の月例賃金の引上げ率は＋12.8％（経団連調査）、消費者物価上昇率も＋10.4％（1975年度）となり、「狂乱物価」はようやく収束に向かった。

② 第2次石油危機時

　1979年からの第2次石油危機により、低下傾向にあった消費者物価上昇率は再び1979年度に＋4.8％へと上昇に転じた。こうした中、労使双方で、マクロ経済動向と賃金引上げの整合性を重視する動きがみられた。日経連は「1980年版労働問題研究委員会報告」において、インフレ再燃の防止に向けて、「従来主張している生産性基準原理、企業の支払能力重視の姿勢を変える必要は全然なく、厳しい経済条件下、従来より以上、個別企業労使の真剣な話し合いが望まれるところである」とした。

　労使交渉の末、1980年は前年度の消費者物価上昇率4.8％に対して賃金引上げ率6.58％[323]、翌1981年は前年度の消費者物価上昇率に対して＋7.8％、賃金引上げ率7.51％と、同程度となった。

図表 2-14　消費者物価上昇率と月例賃金引上げ率の推移（1966～1981年度）

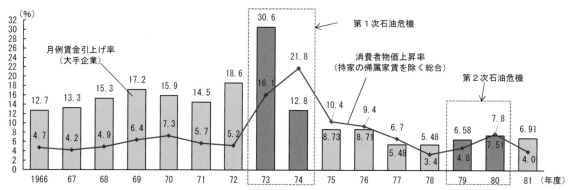

注：月例賃金引上げ率は翌年の数値。
出典：総務省「消費者物価指数」、経団連「春季労使交渉・大手企業業種別妥結結果」

（3）数値から振り返る企業側の対応

　ここまで、2度にわたる石油危機時の春季労使交渉において、生産性や物価上昇率、賃金引上げ率を踏まえながら、物価上昇局面における労使の対応をみてきた。その際、賃金の支払側となる企業が自らの生産性の伸びに照らして、賃金引上げにどのように対応してきたかを数値から検証する。

---

[323] 「1981年版労働問題研究委員会報告」では、1980年の春季労使交渉における労働側の要求背景を「過度の賃上げは、次年度の消費者物価を押し上げる要因になるという考え方があった」と分析している。

財務省「法人企業統計」を用いて、物価上昇率の影響を除いた、実質賃金と実質労働生産性の対前年度伸び率（1971～1981年度）を比較する[324]。

　第1次石油危機の発生直後の1974年度に、実質労働生産性はマイナス（全規模[325]−1.6%）に転じた一方で、実質賃金の伸び率は全規模で+5.3%とプラスとなった。いわば、生産性の伸びを上回る賃金の引上げが確認できる。他方、第2次石油危機の1979年度と1980年度においては、いずれも実質賃金の伸び率は実質労働生産性の伸び率未満に収まっている。第1次石油危機の経験を踏まえ、第2次石油危機において、生産性の伸び率に即して賃金引上げが行われたことがうかがえる。

図 表 2-15　　石油危機時における実質賃金と実質労働生産性の伸び率の比較

注：賃金＝人件費／従業員・役員数。名目労働生産性＝付加価値／従業員・役員数。
出典：財務省「法人企業統計」をもとに経団連事務局にて作成

　さらに、企業による賃金引上げ、言い換えれば企業から労働者への分配が、企業の利益との見合いでどのように行われていたかをみてみる。第1次石油危機発生直後の1974年度には、実質当期純利益の対前年度伸び率が大幅なマイナス（全規模−41.7%）に落ち込む中にあっても、実質賃金の伸び率はプラス（全規模+5.3%）であった。一方、第2次石油危機下においては、実質賃金が上昇する中でも、実質当期純利益率がプラス（1979年度：全規模+38.7%、1980年度：全規模+2.9%）となった。第1次石油危機を経て、企業の将来に向けた投資等の原資ともいうべき当期純利益を確保しながら賃金引上げが行われるようになったといえる。

---

[324] デフレーターは内閣府「国民経済計算年次推計」より、経済活動別国内総生産（非製造業＝小計額−金融・保険業−政府サービス生産者）の名目額と実質額から算出した上で実質化した。データは1970年から入手可能であるため、対前年度比は1971年度からとした。
[325] 金融、保険業を除く。

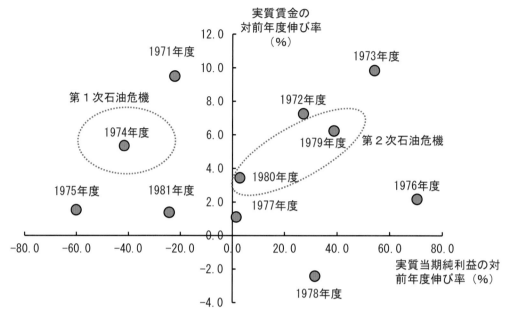

注：当期純利益は、賃金及び名目労働生産性と同様に実質化。
出典：財務省「法人企業統計」をもとに経団連事務局にて作成

　2023 年の春季労使交渉・協議は、約 30 年ぶりの物価上昇を受けて、「物価動向」を特に重視して賃金引上げの検討がなされた。2024 年も同様に、物価上昇局面の中で行われる。

　先にみてきた 2 度にわたる石油危機時と状況はもちろん異なるものの、当時の労使が物価上昇局面において、生産性の伸びに照らして賃金引上げにおいてどのように対応してきたかを知ることは、今後の中期的な検討における有益な示唆を含んでいるといえよう。

TOPICS

実質賃金に関する考察

　物価上昇局面が続く中、実質賃金が注目されている。実質賃金は、労働者に支給される賃金に物価変動を加味して実際の購買力に換算した賃金のことである。賃金に関する様々な統計調査[326]がある中、実質賃金は、雇用労働者の賃金や労働時間、雇用の変動を明らかにすることを目的に厚生労働省が毎月実施している「毎月勤労統計調査」で公表されている。2023年の春季労使交渉は、多くの企業が物価動向を重視して検討した結果、30年ぶりの高水準の月例賃金引上げを記録[327]したにもかかわらず、同調査の実質賃金はマイナスで推移し続けている。

　そこで、本稿では、同調査の内容を確認するとともに、実質賃金に関する考え方を整理したい。物価と賃金に関して議論をする際には、どのような集計方法で得られたデータなのかを精査する必要があることから、集計方法と留意点についても検証する。

（1）厚生労働省「毎月勤労統計調査」

　毎月勤労統計調査は、賃金や労働時間および雇用の変動を明らかにすることを目的に、厚生労働省が毎月実施している調査である。常用労働者5人以上の約200万事業所から抽出した約33,000事業所を対象としている。

　毎月末現在の状況を調査しており、その結果は、調査対象月の翌々月に公表される。主な調査事項は、①常用労働者およびパートタイム労働者の異動状況、②労働者数、③出勤日数、④所定内労働時間数および所定外労働時間数、⑤きまって支給する給与額（所定内給与＋超過労働給与額）、⑤特別に支払われた給与額（賞与等）などとなっている。

図表 2-17　厚生労働省「毎月勤労統計調査」の概要

調査対象	• 調査する事業所が全国の縮図となるように、一定の精度を保つ標本数を確保しつつ、無作為に事業所を抽出。なお、調査対象事業所については一定期間をおいて見直しを実施 • 常用労働者を雇用するもののうち、常時5人以上を雇用する約33,000事業所
調査時期	• 毎月末現在（給与締切日の定めがある場合には、毎月最終給与締切日現在）
公表時期	• 毎月の調査結果は、調査対象月の翌々月上旬に速報値、翌々月下旬に確報値を公表
主な 調査事項	• 主要な生産品の名称又は事業の内容、調査期間及び操業日数、企業規模 • 常用労働者及びパートタイム労働者の異動状況、労働者数、出勤日数、所定内労働時間数及び所定外労働時間数、きまって支給する給与額（所定内給与＋超過労働給与額）特別に支払われた給与額（賞与等）など

出典：厚生労働省「毎月勤労統計調査」をもとに経団連事務局にて作成

---

[326] 例えば、厚生労働省「賃金構造基本統計調査」（毎年6月分のデータを翌年3月に公表）、国税庁「民間給与実態統計調査」（毎年12月末のデータを翌年9月に公表）、人事院「職種別民間給与実態調査」（毎年4月のデータを11月に公表）、中央労働委員会「賃金事情等総合調査」（毎年6月分のデータを翌年4月に公表）などのほか、経団連や連合、金属労協など労使団体も実施・公表している。その多くが、年1回から数回程度の実施であるのに対し、毎月勤労統計調査はその名の通り、毎月実施されており、月ごとの動向が把握でき、速報性が高いといえる。

[327] 経団連の調査では、2023年の月例賃金引上げ率は大手企業3.99%、中小企業3.00%であった。大手企業は1993年（3.86%）、中小企業は1994年（3.00%）以来の高い引上げ率となった。詳細は94頁「1. 2023年春季労使交渉・協議の総括」参照。

① 実質賃金の算出方法

　毎月勤労統計調査では、「名目賃金（現金給与総額[328]）」を「消費者物価指数（持家の帰属家賃を除く総合）」で除して「実質賃金」を算出している。

　「名目賃金」の伸び率（対前年同月）における近年の動向をみると、2021年3月からプラスで推移し、同年12月にマイナス（−0.4%）となったものの、2022年1月以降はプラスで推維している（2023年10月、＋1.5%）。

　名目賃金を実質賃金化する際に用いられる「消費者物価指数」（持家の帰属家賃を除く総合）は、2022年4月（＋3.0%）に大きく上昇して以降、2023年1月の＋5.1%をピークに、名目賃金の伸び率を上回る水準が続いている。

　この結果、実質賃金は2022年4月からマイナスが続き、2023年もこの傾向は変わらず、1月の−4.1%を底に、多少の変動を繰り返しながら、7月以降は−2%台で推移している。

図 表 2-18　毎月勤労統計調査における推移

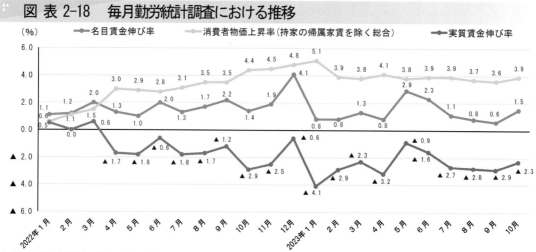

出典：厚生労働省「毎月勤労統計調査」、総務省「消費者物価指数」をもとに経団連事務局にて作成

② 名目賃金の算出方法における留意点

　名目賃金は、調査対象事業所の「現金給与総額の合計」を「常用労働者数[329]の合計」で除して労働者一人当たりの平均を算出している。この「賃金総額」による算出方法の場合、前年との比較において、ベースアップ分は数値に表れるのに対して、多くの企業で実施している定期昇給などの制度昇給分は数値に十分表れない可能性に留意する必要がある[330]。

---

[328] きまって支給する給与（所定内給与＋超過労働給与額）と特別に支払われた給与（賞与等）の合計額をいう。

[329] 常用労働者数には一般労働者とパートタイム労働者が含まれる。一般労働者より相対的に賃金水準の低いパートタイム労働者や有期雇用等労働者が増加した場合、名目賃金を押し下げる要因となり得る点に留意が必要である。

[330] 厚生労働省はホームページ上に掲載している「毎月勤労統計調査における『利用上の注意』」のうち、「毎月勤労統計調査における賃金の伸び率について」において、「毎月勤労統計調査における名目賃金は、マクロの賃金データである。そのため、伸び率は『ベースアップ』の影響を受けやすく、各労働者の『定期昇給』による賃金増の影響は受けづらい」と説明している。

例えば、労務構成の変化が毎年一定の企業を想定した場合、定期昇給など制度昇給を実施しても賃金総額は増加せず、名目賃金上昇率は「0％」となる。

一方、同じ企業で2％のベースアップを実施した場合、賃金総額が2％増加するため、名目賃金上昇率は「2％」となる。

図表 2-19　賃金総額の変動イメージ（労務構成の変化が毎年一定の場合）

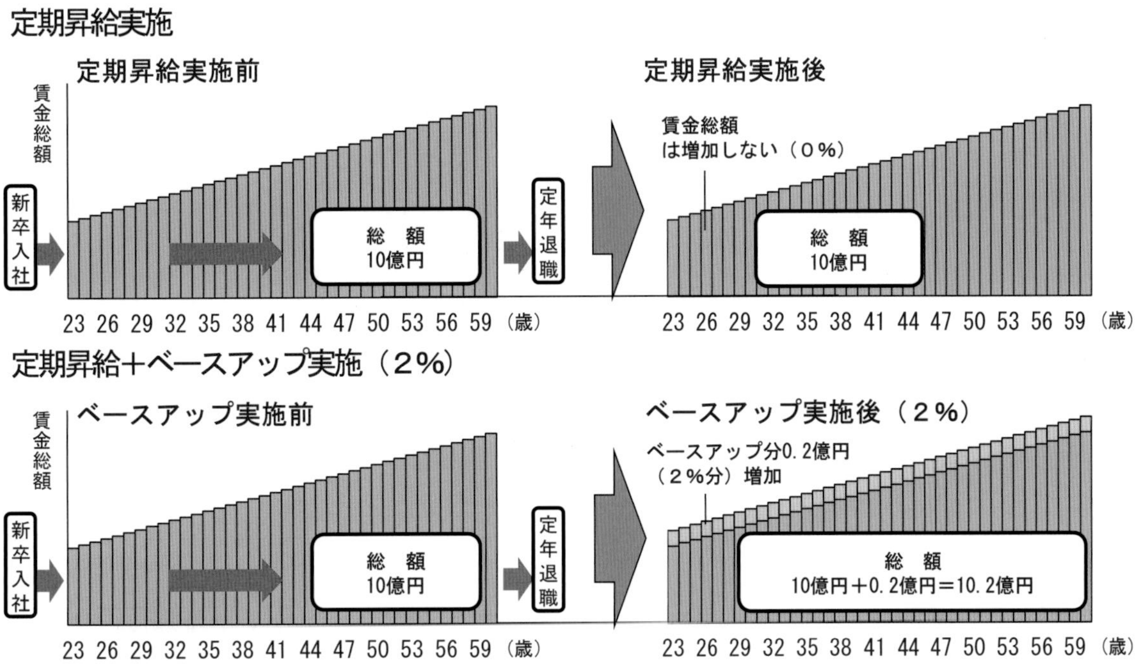

定期昇給実施

定期昇給実施前

賃金総額

新卒入社

総額
10億円

23 26 29 32 35 38 41 44 47 50 53 56 59（歳）

定年退職

定期昇給実施後

賃金総額は増加しない（0％）

総額
10億円

23 26 29 32 35 38 41 44 47 50 53 56 59（歳）

定期昇給＋ベースアップ実施（2％）

ベースアップ実施前

賃金総額

新卒入社

総額
10億円

23 26 29 32 35 38 41 44 47 50 53 56 59（歳）

定年退職

ベースアップ実施後（2％）

ベースアップ分0.2億円
（2％分）増加

総額
10億円＋0.2億円＝10.2億円

23 26 29 32 35 38 41 44 47 50 53 56 59（歳）

他方で、「労働者一人当たり」でみれば、ベースアップだけでなく、定期昇給など制度昇給を含めて、賃金引上げが実施されている。例えば、同じく厚生労働省が毎年11月に公表している「賃金引上げ等の実態に関する調査」では、2023年の「1人平均賃金の改定率（名目賃金）」は制度昇給とベースアップを含む3.2％で、毎月勤労統計調査の名目賃金伸び率（1.3％、2023年1〜10月平均）を大きく上回る数値が示されている[331]。

参考までに、同調査の「1人平均賃金の改定率」を用いて実質賃金（年単位）を試算してみると、2001年以降、消費税率引上げの影響のあった2014年（−1.2％）と、現在のコストプッシュ型の物価上昇が始まった2022年（−1.1％）を除き、実質賃金はプラスとなった。

同調査の「1人平均賃金の改定率」を用いて算出した実質賃金（年単位）の数値をあわせて公表することも一案といえる。

---

[331] 厚生労働省はホームページ上に掲載している「毎月勤労統計調査における『利用上の注意』」のうち、「毎月勤労統計調査における賃金の伸び率について」において、「毎月勤労統計調査と他の統計調査等の比較」として、厚生労働省「賃金引上げ等の実態に関する調査」による改定率、厚生労働省「民間主要企業春季賃上げ要求・妥結状況」による賃上げ率、中央労働委員会「賃金事情等総合調査」による改定率の推移を掲載している。

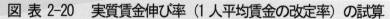

図表 2-20　実質賃金伸び率（1人平均賃金の改定率）の試算

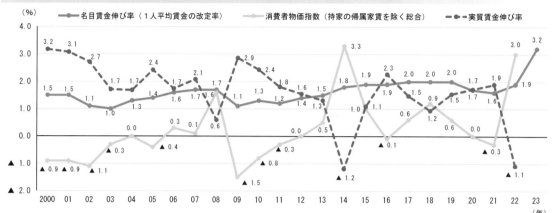

注：実質賃金は、厚生労働省「賃金引上げ等の実態に関する調査」の1人平均賃金の改定率を、2020年基準で指数化し、消費者物価指数（持家の帰属家賃を除く総合）で除して、経団連事務局が算出。
出典：厚生労働省「毎月勤労統計調査」および「賃金引上げ等の実態に関する調査」、総務省「消費者物価指数」をもとに経団連事務局にて作成

③ 消費者物価指数における留意点

　毎月勤労統計調査では、消費者物価指数の「持家の帰属家賃を除く総合」[332]を用いて実質賃金化している。「持家の帰属家賃」は、自己所有住宅（持家）について、通常の借家と同様にサービスが生産・消費されたとして持家を自分に貸すとの架空の取引を想定し算出している。帰属家賃はほとんど変動しないため、これを除くと消費者物価指数が高くなる可能性がある。

　実際、国際比較等で使用されている「総合」が2.8%（2023年11月）、日本銀行が物価の見通し等で用いている「生鮮食品を除く総合」が2.5%（同）であるのに対し、「持家の帰属家賃を除く総合」はどちらも上回る3.3%（同）となっている。

図表 2-21　各消費者物価指数における上昇率の推移

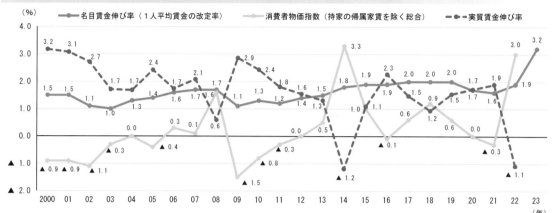

出典：総務省「消費者物価指数」をもとに経団連事務局にて作成

---

[332] このほか、消費者物価指数で扱う全品目の価格変動を反映した「総合」、天候によって価格が大きく変動する傾向にある生鮮食品を除いた「生鮮食品を除く総合（コアCPI）」、海外要因で変動する原油価格の影響を受ける「エネルギー」も除いた「生鮮食品およびエネルギーを除く総合（コアコアCPI）」が公表されている。

参考までに、「総合」および「生鮮食品を除く総合」を用いて実質賃金を試算したところ、毎月勤労統計調査の数値よりマイナス幅が全体的に縮小した上、2022年12月の伸び率は「総合」で0.1%、「生鮮食品を除く総合」で0.0%となった。直近の2023年10月では、毎月勤労統計調査（−2.3%）と比べて、「総合」は−1.7%、「生鮮食品を除く総合」は−1.4%と、マイナス幅が緩和される結果となった。

　毎月勤労統計調査において、「持家の帰属家賃を除く総合」に加えて、「総合」および「生鮮食品を除く総合」を用いて算出した実質賃金をあわせて公表することも有益と考える。

図表 2-22　実質賃金伸び率（総合、生鮮食品を除く総合）の試算

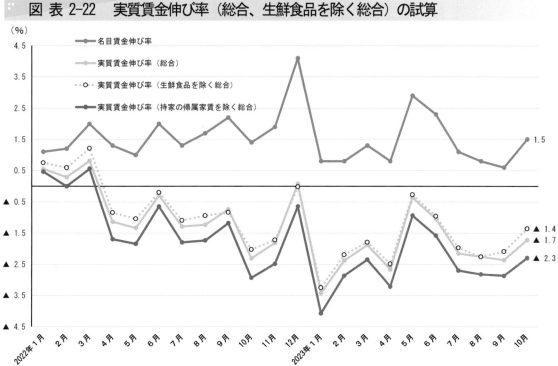

注：「実質賃金伸び率（総合、生鮮食品を除く総合）」は、毎月勤労統計調査の「名目賃金指数（2020年基準）」を消費者物価指数（総合、生鮮食品を除く総合）で除して、経団連事務局が算出。
出典：厚生労働省「毎月勤労統計調査」、総務省「消費者物価指数」をもとに経団連事務局にて作成

（2）物価上昇と賃金引上げの要求・決定・実施

　通常、物価上昇が生じた場合、その実績値を踏まえて労働組合が賃金引上げを要求し、企業労使による賃金交渉を経て、各企業が賃金引上げを決定している。したがって、物価上昇から賃金引上げの要求・決定までにはある程度タイムラグが生じ、その間の実質賃金はマイナスとなる可能性が高い面がある。

　加えて、厚生労働省の調査によれば、改定後の賃金が最初に支給される時期は、5月16日までが43.1%、7月15日までが77.6%、8月15日までが86.8%と、企業ごとに異なっている。このように、賃金引上げを決定した後、各企業において、働き手一人ひとりの賃金引上げ額を確定してから実際に実施・支給するまでには、実務上、多少の時間を要することにも留意する必要がある。

図 表 2-23　改定後の賃金の初回支給時期別企業割合

改定後の賃金の初回支給時期	企業割合（％）
1月16日～4月15日	4.0
4月16日～5月15日	39.1
5月16日～6月15日	19.0
6月16日～7月15日	15.5
7月16日～8月15日	9.2
8月16日～9月15日	2.7
9月16日～10月15日	1.5
10月16日以降	1.7

出典：厚生労働省「賃金引上げ等の実態に関する調査」（2022年）

　加えて、中小企業が賃金引上げをできる環境整備に向けて、その原資を持続的に確保するために、サプライチェーン全体を通じた適切な価格転嫁に資する様々な施策が進められている。

　こうした中、サプライチェーンの川下に存在する多くの中小企業において、賃金引上げの原資を持続的に確保し、構造的な賃金引上げが実現するまでには、ある程度の時間を要することが見込まれる。

（3）デフレからの完全脱却と実質賃金の上昇に向けて

　政府・日銀の目指す物価上昇率は2％である中、直近の物価上昇はその数値を大きく超えている。日本銀行による2023年度の見通し（2023年10月）をみても、生鮮食品を除く総合（コアCPI）で2.8％、生鮮食品およびエネルギーを除く総合（コアコアCPI）で3.8％と、2％を大幅に上回る数値が並んでいる。現在のコストプッシュ型の高い物価上昇に対し、企業の賃金引上げだけで対応することは現実的とはいえない。

　2024年の春季労使交渉・協議にあたって、経団連は企業の社会的責務として、2023年以上の熱量と決意で賃金引上げを呼びかけていくことを表明している。こうした民間企業による「賃金引上げ」の取組みと、政府・日銀による「適度な物価上昇」に向けた諸政策の実施を推進することで、デフレからの完全脱却と実質賃金の上昇を実現していくことが望まれる。

TOPICS

中小企業の賃金引上げに関する現状と課題

（1）中小企業の賃金等の状況

わが国の中小企業は働き手の7割近くを雇用している[333]。その中小企業における賃金等の状況を検証し、わが国全体の構造的な賃金引上げに向けた課題を確認する。

財務省「法人企業統計」[334]を用いて、賃金（1人当たり人件費）とその原資となる名目労働生産性（1人当たり名目付加価値）、それが労働者にどの程度分配されたのかを示す労働分配率、就業者数（従業員数と役員数の和）の推移をみる。中小企業の賃金は、大企業の概ね5割弱の水準で推移している。また、名目労働生産性は、大企業の4割弱の水準となっている。その一方、労働分配率は80%近くに達しており、大企業を大きく上回っている。

図 表 2-24　中小企業の業種別の賃金、名目労働生産性、労働分配率、就業者数の推移

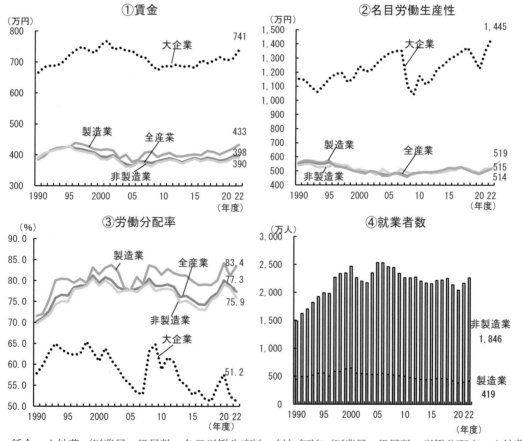

注：賃金＝人件費／従業員・役員数、名目労働生産性＝付加価値／従業員・役員数、労働分配率＝人件費／付加価値
出典：財務省「法人企業統計」をもとに経団連事務局にて作成

---

[333] 詳細は115頁脚注277参照。

[334] 法人企業統計を用いた分析については、資本金1千万円以上1億円未満の企業を中小企業、同10億円以上の企業を大企業としている。また、中小企業、大企業ともに、金融業、保険業を除く。

賃金については、製造業・非製造業にかかわりなく、1990 年代半ばから後半にかけてピークに達した後、2000 年代前半にかけて顕著な減少傾向に転じた。その後、足もとにかけて、緩やかな上昇傾向にあるものの、製造業の賃金は非製造業を上回って推移している。足もとでは、非製造業の賃金は約 390 万円に対し、製造業は約 433 万円で、上昇の勢いにも差がみられる。

　次に、名目労働生産性については、業種の別にかかわらず、ほぼ一様の推移を示している。2020 年度はコロナ禍の影響下で急激な低下となったが、2022 年度にかけて上昇しており、約 515 万円近傍となっている。

　労働分配率については、総じて製造業が非製造業を上回って推移している。とりわけ、直近の 2022 年度は、製造業が前年度から増加に転じた一方、非製造業は減少に転じており、製造業（83.4%）と非製造業（75.9%）の差が拡大している。

　就業者数は、1990 年度から 2022 年度にかけて、製造業の約 26 万人減に対し、非製造業は約 800 万人増加した。直近の 2022 年度は、非製造業が全産業の約 8 割を占めている。

　こうした動向を踏まえ、以降、中小企業の非製造業に焦点を当てて、賃金および労働分配率が低迷している背景を分析する。

（2）中小企業・非製造業の労働生産性と就業者数に関する分析

　賃金の原資に相当する名目労働生産性について、物価の影響を取り除いた上で、業種別の実質労働生産性[335]と就業者数[336]の関係をみる。

　非製造業のうち、実質労働生産性が全産業を下回っているのは、「運輸業、郵便業」（459.8 万円）、「生活関連サービス業、娯楽業」（359.3 万円）、「医療、福祉業」（355.6 万円）、「宿泊業、飲食サービス業」（262.3 万円）である。これらの業種のうち、就業者数（働き手）が 2010 年度から 2021 年度にかけて高い伸びを示しているのは、「医療、福祉業」（+90.8%）、「運輸業、郵便業」（+10.0%）、「宿泊業、飲食サービス業」（+8.9%）である[337]。

　実質労働生産性は 1 人当たりの付加価値額（実質）であることを踏まえれば、これらの業種における就業者数の増加が、実質労働生産性の低迷の一因として考えられる。いずれの業種においても労働集約的な側面が強いと考えられ、かつ需要の増加が見込まれる。

　今後、労働供給の制約が一層厳しくなること、とりわけ、社会活動を支えるエッセンシャルワーカーをこれらの業種が多く雇用していることに鑑みれば、実質労働生産性を着実に高め、

---

[335] 実質化に際して、内閣府「国民経済計算年次推計」より、経済活動別国内総生産（非製造業＝小計額－金融・保険業－公務）の名目額と実質額からデフレーターを算出。2021 年までのデータが入手可能なため、実質化する期間もこれに合わせている。ここでは、年度ごとの数値の変動を除いて分析する観点から、2017～2021 年度の平均値を用いている。

[336] ここでの就業者数は、営利企業等を対象とした法人企業統計に基づく中小企業の数値であり、当該業種全体の数値ではないことに留意が必要である。

[337] 同期間における「製造業」の就業者数は－20.2%となった。

働き手を確保することを通じて、同業種における付加価値額そのものが継続的に拡大していく成長産業化を図ることが喫緊の課題といえる。

図 表 2-25　中小企業の業種別の実質労働生産性および就業者数の状況

①主要業種における実質労働生産性及び就業者数の状況

		実質労働生産性【万円】	就業者数【万人】
建設業		612.0	213.4
学術研究、専門・技術サービス業		586.6	127.4
情報通信業		564.5	105.6
卸売業・小売業		527.9	534.3
製造業		497.4	399.6
全産業		496.8	2,167.9
運輸業、郵便業		459.8	189.7
生活関連サービス業、娯楽業		359.3	87.0
医療、福祉業		355.6	36.9
宿泊業、飲食サービス業		262.3	139.1

②就業者数の推移

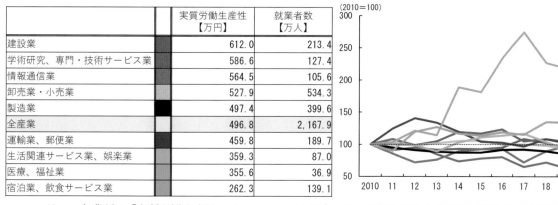

注1：各業種の「実質労働生産性」は、2017～2021年度の名目労働生産性を全産業／製造業／非製造業のGDPデフレーターでそれぞれ除した上で、平均値を算出。「就業者数」は2021年度の数値。
注2：非製造業の農林水産業や電気業、ガス・熱供給業、不動産業・物品賃貸業などは掲載していないため、製造業と非製造業における各業種の就業者数を合計しても全産業と一致しないことに留意が必要。
出典：財務省「法人企業統計」、内閣府「国民経済計算年次推計」をもとに経団連事務局にて作成

（3）中小企業の価格転嫁の動向

日銀短観で価格転嫁の進捗状況を表す「販売価格判断ＤＩと仕入価格判断ＤＩの差」[338]の動向をみると、製造業・非製造業ともに、中小企業は大企業より水準が低く、特に非製造業で大企業との差が大きい傾向がみられるなど、価格転嫁が困難な状況にあることがうかがえる。

図 表 2-26　企業規模別の「販売価格判断ＤＩと仕入価格判断ＤＩの差」の推移

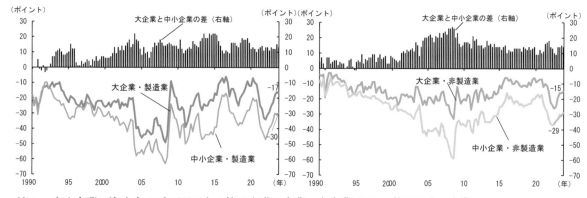

注1：中小企業は資本金2千万円以上1億円未満の企業、大企業は同10億円以上の企業。
注2：棒グラフは大企業と中小企業の差を示す。
出典：日本銀行「全国企業短期経済観測調査（短観）」をもとに経団連事務局にて作成

---

[338] 販売価格判断ＤＩは主要製商品の販売価格または主要サービスの提供価格について「上昇」と回答した企業の割合から「下落」と回答した企業の割合を引いた値。仕入価格判断ＤＩは主要原材料購入価格（外注加工費を含む）または主要商品の仕入価格について「上昇」と回答した企業の割合から「下落」と回答した企業の割合を引いた値。

さらに、中小企業・非製造業における業種別[339]の「販売価格判断ＤＩと仕入価格判断ＤＩの差」の傾向をみると、「電気・ガス」「運輸・郵便」「鉱業・採石業・砂利採取業」を除く業種において、データを入手可能な全期間にわたってマイナス圏で推移している。

以上の状況を踏まえると、中小企業における価格転嫁を着実に推進させ、実質労働生産性を高めることを通じて、賃金引上げの原資を持続的に確保していくことが極めて重要である。そのためには、①中小企業自身の取組み、②サプライチェーン全体での取組みなどを実行に移すことが重要である[340]。その際、中小企業自身の生産性の改善・向上に資する諸施策を有効に活用し、既存の商品・サービスの質の向上を図りながら、成長分野での事業進出への挑戦などに自律的・自発的に取り組むことが重要である。政府・地方自治体には、生産性の改善・向上、価格転嫁の推進に資する各種施策の実施・拡充および周知徹底とともに、利用実績の検証が求められる。

図表 2-27　中小企業の生産性の向上等に向けた政府の主要施策

【経済産業省関連施策】

事業名	事業概要
ものづくり・商業・サービス生産性向上促進事業（ものづくり補助金）	・ 補助額：100万～5,000万円、補助率：中小１／２小規模２／３ ・ 革新的なサービス開発・試作品開発・生産プロセス等の改善に必要な設備投資などを支援
小規模事業者持続的発展促進事業（持続化補助金）	・ 補助額：～250万円、補助率：２／３等 ・ 小規模事業者が経営計画を作成して取り組む販路開拓の取組みなどを支援
サービス等生産性向上IT導入支援事業（ＩＴ導入補助金）	・ 補助額：５万円～450万円、補助率：１／２～３／４ ・ 中小企業・小規模事業者等の労働生産性向上を目的として、業務効率化やDXなどに向けたＩＴツール（ソフトウェア、アプリ、サービス等）の導入を支援
事業承継・引継ぎ支援事業（事業承継・引継ぎ補助金）	・ 補助額：150万円～600万円又は800万円、補助率：１／２～２／３ ・ 事業承継・引継ぎ後の設備投資等の新たな取組みや事業引継ぎ時の専門家活用の取組み、事業承継・引継ぎに関連する廃業費用等を支援
よろず支援拠点等の支援体制の充実	・ 各都道府県に設置したよろず支援拠点の専門家等による経営相談、働き方改革や賃金引上げ、被用者保険の適用拡大などを含む、多様な経営相談に対応するため、支援体制を充実。
中小企業等事業再構築促進事業（事業再構築補助金）	・ 企業が新たな事業分野への進出や業態転換などを行う場合、それに必要となる設備投資について、中小・小規模企業は２／３、中堅企業は１／３を補助する制度。
地方公共団体による小規模事業者支援推進事業	・ 小規模事業者の販路開拓や生産性向上の取組みなどを都道府県が支援する際、国がその実行に係る都道府県経費の一部を支援。

【厚生労働省関連施策】

事業名	事業概要
業務改善助成金	・ 事業場内最低賃金を一定額以上引き上げるとともに、生産性向上に資する設備投資などを行った中小企業に対し、その設備投資などに要した費用の一部を助成。
働き方改革推進支援助成金	・ 生産性を高めながら労働時間の短縮などに取り組む中小企業などについて、その取組みに要する費用を助成。
働き方改革推進支援事業	・ 働き方改革推進支援センターにおいて、労務管理等の専門家による窓口相談、企業の取組み事例や労働関係助成金の活用方法などに関するセミナーなどを実施。
日本政策金融公庫による企業活力強化貸付（働き方改革推進支援資金）	・ 最低賃金の引上げに取り組む事業者に対し、設備・運転資金の低利貸付。
キャリアアップ助成金	・ 非正規雇用労働者の正社員化、処遇改善を実施した事業主に対し助成。
生産性向上人材育成支援センターによる支援訓練	・ 「生産管理、IoT、クラウドの活用」などのカリキュラムを利用企業の課題に合わせてカスタマイズし、専門的な知見やノウハウを有する民間機関を活用して実施。
人材開発支援助成金等による支援	・ 人材開発支援助成金により、事業主などが雇用する労働者に対して職務に関連した専門的な知識及び技能の習得をさせるための職業訓練などを計画に沿って実施した場合などに、訓練経費や訓練期間中の賃金の一部などを助成。

出典：厚生労働省および経済産業省資料をもとに経団連事務局にて作成

---

[339] 非製造業の業種のうち、1990年第１四半期からデータが存在するのは、「電気・ガス」「卸・小売」の２業種のみ。「建設」「運輸・郵便」「鉱業・採石業・砂利採取業」は1990年第４四半期から、「情報通信」「対事業所サービス」「対個人サービス」「宿泊・飲食サービス」は2004年第１四半期から、「不動産・物品賃貸」のみ2010年第１四半期からデータを入手可能。

[340] 詳細は115頁「(3) 中小企業における構造的な賃金引上げ」参照。

TOPICS

労働分配率の動向

（1）マクロの労働分配率

　企業が事業活動を通じて創出した付加価値は、労働者や株主、企業（資本）などのステークホルダーに分配される。このうち、労働者への分配である人件費が占める割合を「労働分配率」という。わが国企業は、景気後退期においても社員の雇用や賃金を含めた労働条件を維持することが多いため、労働分配率の分子である人件費が諸外国と比べて安定的に推移する傾向にある。他方、分母である付加価値は景気動向の影響を受けて大きく変動しやすい。その結果、わが国の労働分配率は景気と逆相関を示すといわれている。

　近年の労働分配率の動向を確認すると、景気回復期であった2013～2018年度は低下傾向となった（2018年度66.3%）。2019年度から米中貿易摩擦の影響などで景気後退期に入り、さらに新型コロナウイルス感染症の拡大により経済活動が縮小したため、2020年度には71.5%に高まった。その後、経済活動の再開が進んで企業収益が回復して再び低下した。直近の2022年度は67.5%と、コロナ禍前の2019年度（68.6%）と同程度の水準である。

図 表 2-28　　労働分配率（金融業、保険業除く全産業）の推移（1980～2022年度）

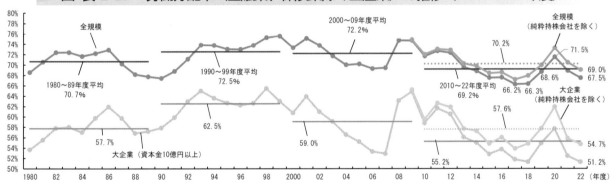

注：労働分配率＝人件費／付加価値、人件費＝役員給与＋役員賞与＋従業員給与＋従業員賞与＋福利厚生費、
　　付加価値＝人件費＋支払利息等＋動産・不動産賃借料＋租税公課＋営業純益。
出典：財務省「法人企業統計」をもとに経団連事務局にて作成

　労働分配率の動向を長期的にみると、大企業（資本金10億円以上）を中心に、2000年代以降は総じて低下傾向にある[341]。こうした長期トレンドは、技術革新に伴う資本による労働の代替などを背景に、多くの先進国に共通して確認されている[342]。

---

[341] 法人企業統計において、労働分配率の分母の付加価値には、純粋持株会社が海外子会社から受け取った配当金やロイヤリティ収入が含まれている可能性がある。純粋持株会社を除いて算出した労働分配率をみると、それを含む分配率に比べて水準が高く、両者の乖離は近年広がる傾向にある。

[342] OECD「Employment Outlook 2018」（2018年7月）は、先進国における労働分配率（OECD加盟国のうち24ヵ国平均）は1995年から2013年にかけて約3.5ポイント低下し、このうち約1.8ポイントが技術革新に伴う資本財価格の低下による寄与、約0.7ポイントがグローバル・バリュー・チェーンの拡大による寄与であるとの分析を示している。

（2）業種別・企業規模別の労働分配率

　労働分配率の水準は、設備投資の必要性の程度などを反映して、業種ごとに大きく異なる。すなわち、不動産など大規模な設備等を要する業種は、投資の原資となる利益を多く確保する必要性が高く、労働分配率は低い傾向にある。他方、繊維やサービスなどの労働集約的な業種では、労働分配率が相対的に高くなっている。

図表 2-29　業種別の労働分配率と資本装備率（2022年度）

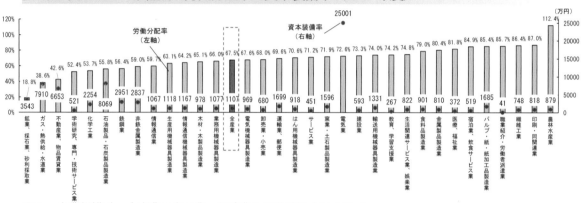

注1：企業規模計。全産業は金融業、保険業と純粋持株会社を除く。
注2：資本装備率＝（有形固定資産＋無形固定資産）÷従業員・役員数
出典：財務省「法人企業統計」をもとに経団連事務局にて作成

　企業規模別にみると、規模が小さいほど労働分配率の水準は高く、資本金1000万円未満（2022年度84.6％）と10億円以上（同51.2％）では、33.4ポイントと大きな差がある。これは、規模が小さい企業ほど、生産量1単位当たりの労働投入量が多く、労働集約的であることに起因している。

図表 2-30　企業規模別の労働分配率（1980〜2022年度）

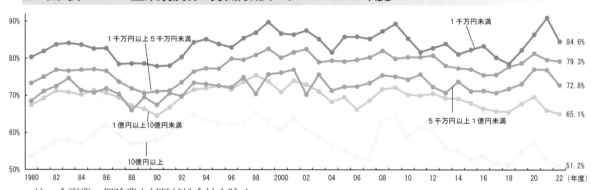

注：金融業、保険業と純粋持株会社を除く。
出典：財務省「法人企業統計」をもとに経団連事務局にて作成

（3）株主への分配と労働分配率

　労働分配率は長期的に低下傾向にある一方で、わが国企業の配当金比率は上昇している。この背景には、日本版スチュワードシップ・コード[343]やコーポレートガバナンス・コード[344]が策定され、投資家と企業による対話の必要性が高まったことなどが考えられる。賃金引上げのモメンタム維持・強化による構造的な賃金引上げの実現がわが国経済の大きな課題となる中、各企業には、創出した付加価値をどのように各ステークホルダーに分配することが適切なのか、そのあり方を含めた検討が望まれる。

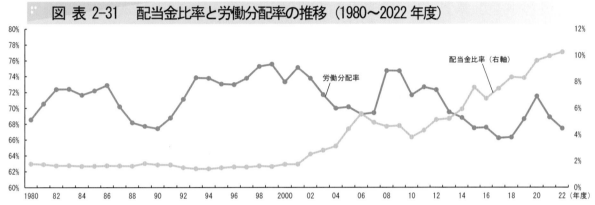

図表 2-31　配当金比率と労働分配率の推移（1980〜2022年度）

注1：企業規模計。金融業、保険業を除く全産業。
注2：配当金比率＝配当金÷付加価値
出典：財務省「法人企業統計」をもとに経団連事務局にて作成

（4）労働分配率と賃金決定

　近年、多くの企業において、働き手のエンゲージメント向上のため、多様で柔軟な働き方の推進、仕事と育児・介護等の両立支援策の導入・拡充、能力開発・スキルアップ支援策の拡充など、総合的な処遇改善・人材育成にも注力している。

　こうした中、自社の労働分配率を労使交渉・協議における参考指標の1つとする際には、業種や企業規模による水準の違いに留意するとともに、自社の経営環境や事業内容、労務構成、総合的な処遇改善・人材育成施策の検討・実施状況、株主との対話の状況などを十分に踏まえた建設的な議論が必要である。

---

[343] 機関投資家が、顧客・受益者と投資先企業の双方を視野に入れ、「責任ある機関投資家」としてスチュワードシップ責任を果たすに当たり有用と考えられる諸原則を定めたもの。受託者責任の果たし方の方針公表など7つの原則からなる。2014年に策定、2017年と2020年に改訂された。
[344] 実効的なコーポレートガバナンスの実現に資する主要な原則を取りまとめた指針。株主の権利・平等性の確保、株主以外のステークホルダーとの適切な協働、適切な情報開示と透明性の確保、取締役会等の責務、株主との対話の5つの原則からなる。2015年に策定、2018年と2021年に改訂された。

TOPICS

内部留保のあり方

　内部留保は、当期純利益から株主への配当金などを差し引いた残高の累計である。貸借対照表上は、純資産の部に「利益剰余金」として計上される。わが国企業全体の直近の利益剰余金（2022年度）は前年度比7.4％増の554.8兆円と、11年連続で増加している[345]。利益剰余金は、借入れや社債・新株発行などと同様、企業の資金調達手段の1つで、現金・預金だけでなく、建物や機械設備など様々な資産の形で保有されている。その活用状況は、貸借対照表全体をみて把握することが適切である。

（1）内部留保（利益剰余金）の動向と企業の財務状況の変化

　2022年度のわが国企業全体の貸借対照表を10年前の2012年度と比較し、資金調達と資産保有動向を概観する。純資産の部では、利益剰余金が250.3兆円増加している。一方、資産の部では、現金・預金（126.8兆円増）のみならず、その他流動資産（92.8兆円増）や建物・設備等（70.5兆円増）、投資有価証券（155.5兆円増）、その他投資等（97.2兆円増）なども大きく増えている。内部留保（利益剰余金）は、現金・預金だけでなく、国内外における設備投資やM＆Aなど、企業の成長に向けた資金として活用されてきたことが確認できる。

　さらに、コロナ禍の企業財務への影響をみるため、コロナ禍前の2019年度と社会経済活動の正常化[346]が進みつつあった2022年度とを比較すると、負債・純資産の部の長期借入金は72.6兆円増であった。一方、資産の部の現金・預金が同様の金額で増加（73.8兆円）している。売上が減少する中で、金融機関等からの借入を増やすことで事業の運転資金を確保し、コロナ禍に対応してきた[347]といえる。

　日本銀行「全国企業短期経済観測調査（短観）」の資金繰り判断DIによると、コロナ禍における企業の資金繰りは最悪期でも＋3と、リーマンショック時（‐15）ほどの悪化はみられず、2021年にはコロナ禍前に近い水準に回復した。現金・預金のストックによって手元資金を一定程度保有していたことが、企業倒産[348]の抑制[349]と雇用情勢の悪化の防止に一定の寄与をしたと考えられる。

---

[345] 財務省「法人企業統計」

[346] 2022年3月21日にすべての都道府県でまん延防止等重点措置が終了した。なお、2023年5月8日から、新型コロナウイルス感染症の感染症法上の位置付けが5類となった。

[347] 2019年度の企業全体の現金・預金は売上高の1.79ヵ月であったのに対し、2022年度は2.24ヵ月分に増加した。

[348] 東京商工リサーチ「全国企業倒産状況」によると、2022年の企業倒産件数は6,428件と、コロナ禍前の2019年（8,383件）より低かった。なお、リーマンショックが発生した2008年は15,646件、2009年は15,480件であった。

[349] 日本総合研究所「コロナ危機下なぜ企業倒産は増えないのか」（2021年3月）では、2020年において、持続化給付金などの資金繰り支援は2,900件程度、コロナ禍以前からの企業の現金・預金の保有は1,300件程度の倒産を抑制する効果があったと推計している。

図 表 2-32　わが国企業全体の貸借対照表の変化

（兆円）

資産の部	2012年度	2019年度	2022年度	12→22年度増減額	19→22年度増減額	負債・純資産の部	2012年度	2019年度	2022年度	12→22年度増減額	19→22年度増減額
現金・預金	168.3	221.3	295.1	126.8	73.8	支払手形・買掛金	162.5	162.2	177.4	14.9	15.2
受取手形・売掛金	212.6	226.4	254.1	41.6	27.7	短期借入金	162.3	176.0	200.4	38.0	24.4
棚卸資産	105.0	120.1	150.2	45.3	30.2	社債	51.9	87.9	119.8	68.0	31.9
その他流動資産	146.8	191.3	239.6	92.8	48.3	長期借入金	267.4	321.7	394.3	126.9	72.6
土地	174.8	185.4	191.8	17.0	6.3	その他負債	255.1	297.4	349.8	94.7	52.3
建物・設備等	253.3	301.0	323.8	70.5	22.8						
無形固定資産	18.7	25.2	32.0	13.3	6.7	資本金・資本剰余金	233.4	289.5	306.7	73.2	17.1
投資有価証券	236.2	358.8	391.7	155.5	33.0	利益剰余金	304.5	475.0	554.8	250.3	79.8
その他投資等	117.8	171.6	215.0	97.2	43.4	その他資本	0.0	-4.2	-4.6	-4.6	-0.4
（資産合計）	1437.1	1805.6	2098.5	661.3	292.9	（負債・純資産合計）	1437.1	1805.6	2098.5	661.3	292.9

注：企業規模計。金融業、保険業を除く全産業。
出典：財務省「法人企業統計」をもとに経団連事務局にて作成

　有利子負債比率の水準（2022年度83.4%）は、借入金の増加にもかかわらず、リーマンショック時（2008年度109.6%）と比べて低位に留まった。景気回復期に利益剰余金を増加し自己資本を厚くした財務体質の強化が奏功したことが伺える。現金・預金といった一定の手元流動性を確保し、一定水準の利益剰余金（内部留保）を保有することの重要性が再認識[350]されたといえる。ただし、足元の有利子負債比率の水準はコロナ禍以前を上回っており、財務体質の改善が欠かせない。

図 表 2-33　資金繰り判断ＤＩと有利子負債比率の推移

【資金繰り判断ＤＩ】　　　　　　　　　　　　　【有利子負債比率の推移】

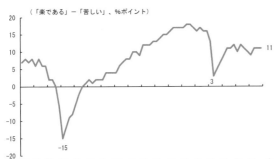
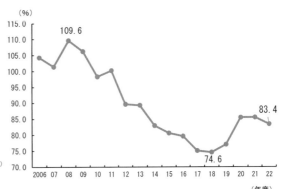

注1：企業規模計。金融業、保険業を除く全産業。
注2：有利子負債比率＝有利子負債／純資産、有利子負債＝短期借入金＋長期借入金＋社債。
出典：日本銀行「全国企業短期経済観測調査（短観）」、財務省「法人企業統計」をもとに経団連事務局にて作成

---

[350] 日本銀行「金融システムレポート」（2020年10月）、国立国会図書館「内部留保とコロナ禍」（2021年3月）などは、コロナ禍以前の企業の利益剰余金、現金・預金の増加がコロナ禍でプラスに作用したことを指摘している。

（2）内部留保（利益剰余金）の意義・あり方

　日本銀行「資金循環統計」でみると、非金融法人企業の現金・預金残高は2006年度以降上昇している[351]。この点について、「企業は必要以上に現金・預金を貯め込んでいるのではないか」との指摘がある。これに対し、金融資産全体に占める現金・預金の比率が1990年以降、20〜25%程度とほぼ横ばいで推移[352]している点を考慮することが望まれる。

　また、ウクライナや中東をはじめとする不安定な国際情勢や、急速な円安進行に伴う物価上昇など経営環境の先行き不透明感が強まる中、企業は現金・預金を一定程度保有し、様々なリスクに対応する準備をしておく必要がある。特に中小企業においては、コミットメントライン契約[353]の締結が難しいことから、非常時の備えとして、現金・預金を厚めに保有しておく必要性が高いといえる[354]。

　一定水準の内部留保は、リスクに備えながら、安定的な企業経営を可能にするとともに、将来への投資の原資となることから、極めて重要である。同時に、コロナ禍を経験して改めて明らかになった通り、企業にとって欠くことのできないステークホルダーである社員の雇用維持・安定にも資するものである。

　他方、企業には、「人への投資」として賃金引上げのモメンタムを維持・強化して、「構造的な賃金引上げ」の実現に貢献することが社会的に求められている。産業構造の変革に対応しながら、継続的なイノベーション創出を通じて生産性を改善・向上すべく、積極投資の重要性が高まっている。こうした観点を含め、企業は、内部留保の意義・あり方について、ステークホルダーとの間で一層議論を深め、理解を求めていく必要がある。

---

[351] 2006年度の現金・預金残高は187.6兆円だったのに対し、2022年度は354.8兆円であった。

[352] 野村総合研究所「企業の内部留保、現預金への課税が衆院選挙の論点に」（2021年10月）では、「企業の金融資産全体に占める現預金の比率は、20〜25%程度で90年以降ほぼ横ばいである」「企業が利益を現預金に死蔵させており、経済活動の活性化のために前向きに使っていない、また、その傾向を強めているとの指摘は当たらない」としている。

[353] 銀行等の金融機関と企業等があらかじめ設定した期間・融資枠の範囲内で、企業等からの請求に基づき、金融機関が融資することを約束する契約のこと。契約の締結には所定の審査があり、資本金の額など一定の条件を満たしている必要がある。

[354] 財務省「法人企業統計」によれば、2022年時点（金融業と保険業を除く全産業ベース）で、中小企業（資本金1億円未満の企業）が現金・預金の58.6%を保有している。

TOPICS

配偶者手当の現状と課題

（1）配偶者手当を取り巻く環境の変化

　配偶者手当は、扶養家族に応じて企業が支給する家族手当や扶養手当などのうち、被扶養配偶者（専業主婦など）を対象としている手当をいう。

　配偶者手当には、配偶者の収入により支給制限[355]が設けられる場合がある。このため、有期雇用等で働く労働者、とりわけ、配偶者のいる女性の「就業調整」の一因になっているとの指摘がある。厚生労働省の調査で確認すると、配偶者のいる女性パートタイム労働者が就業調整を行う理由として、社会保険の被扶養者認定基準（130万円）をはじめ税制・社会保障上の要因を挙げる回答が多く、「一定額を超えると配偶者の会社の配偶者手当をもらえなくなるから」との回答は 15.4％であった。配偶者の収入による支給制限のある配偶者手当が、就業調整を行う主たる要因ではないものの、一因となっている面がある。

図表 2-34　就業調整を行う理由（複数回答）

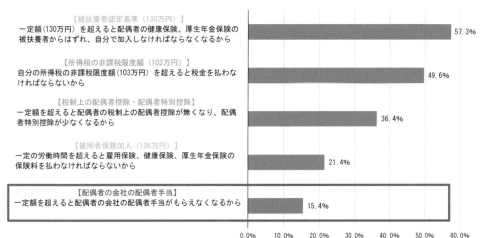

出典：厚生労働省「令和3年パートタイム・有期雇用労働者総合実態調査」をもとに経団連事務局にて作成

　雇用形態・就労ニーズの多様化が進むとともに、共働き世帯数が専業主婦世帯数を大きく上回るなど、配偶者手当を導入した当時と前提条件が大きく異なっている[356]。こうした中、政府

---

[355] 人事院「令和4年職種別民間給与実態調査」によると、「配偶者の収入による支給制限がある」との回答が46.3％あり、このうち収入制限額「103万円」が46.7％、「130万円」が34.3％、「150万円」が7.5％、「その他」が11.5％となっている。

[356] 経団連「2023年人事・労務に関するトップ・マネジメント調査結果」によると、配偶者手当について、直近5年程度の間に労働組合等と見直しを議論した（予定を含む）と回答した企業（99.9％）のうち、そのきっかけ・理由（複数回答）としては、「女性の活躍推進の観点から、働き方に中立的な手当とするため」（56.3％）、「家族構成の変化などに伴うニーズに対応するため」（50.0％）との回答が多くなっている。

は、就業調整（年収の壁）問題への対応として、配偶者控除の見直し[357]や被用者保険の適用拡大[358]といった税制・社会保障制度の改正等を進めるとともに、企業の配偶者手当に対して「労使において改廃・縮小に向けた議論が進められることを期待する」[359]として、配偶者手当の廃止・縮小などに向けた話し合いを行うことを求めている。

（2）配偶者手当の見直し状況と留意点

　配偶者手当に関して、経団連は近年の「経営労働政策特別委員会報告」（以下、「経労委報告」）において、「配偶者手当を支給している企業において、そのあり方を再点検することが望ましい」（2017年版経労委報告）、「配偶者を対象に支給している手当（配偶者手当等）を廃止・縮小する一方、それを原資として、子供を対象とした手当（家族手当、扶養手当、育児支援手当等）の増額、基本給への一部組み入れといった対応も一案となる」（2023年版経労委報告）など、そのあり方の再検討や見直しをほぼ毎年呼びかけてきた。

　家族手当と配偶者手当の支給状況を確認してみると、家族手当は、83.0%（2004年）から75.3%（2022年）と徐々に低下している。一方、配偶者手当は、同項目の調査が始まった2009年の74.7%から低下傾向にあり、特に2018年（65.4%）から2022年（55.1%）にかけて顕著な低下傾向が認められる。配偶者手当の見直しが着実に進んできている証左といえる[360]。

図表 2-35　家族手当・配偶者手当の支給状況の推移

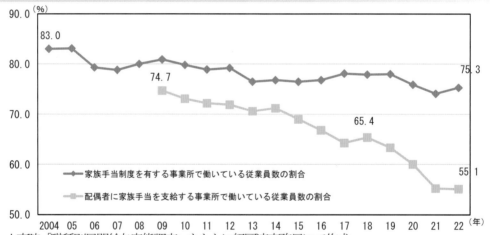

出典：人事院「職種別民間給与実態調査」をもとに経団連事務局にて作成

---

[357] 2018年1月より、38万円の所得控除の対象となる配偶者の給与収入の上限を103万円から150万円に引き上げ、150万円超～201万円以下では控除額を9段階に分けて減らしていく制度改正が施行。

[358] 2018年10月より、厚生年金保険、健康保険の加入対象を短時間労働者まで、企業の従業員数に応じて段階的に広げる制度改正が施行。2022年10月からは、従業員数が常時101人以上（2024年10月からは51人以上の企業に拡大）の企業で、以下のすべての条件（①賃金の月額が8.8万円以上、②週の所定労働時間が20時間以上30時間未満、③2ヵ月を超える雇用の見込み、④学生でないこと）を満たすと、勤務先で厚生年金・健康保険の加入が義務付けられる。

[359] 「新しい資本主義のグランドデザイン及び実行計画～人・技術・スタートアップへの投資の実現～」（2022年6月）

[360] 経団連「2023年人事・労務に関するトップ・マネジメント調査結果」では、配偶者手当について、直近5年程度の間に労働組合等と見直しを「議論した」（78.6%）との回答が大勢を占めている。議論した結果（複数回答）としては、「手当の廃止（段階的廃止を含む）」が63.2%、「手当の減額」が10.5%となっている。

近年、配偶者手当について再確認等を行っていない企業においては、そのあり方を含めて労使で議論することが望まれる。

見直しにあたっては、労働条件の不利益変更に該当する可能性[361]に留意するとともに、労使での話し合いと合意、必要な経過措置の確保など、丁寧な検討が必要となる[362]。その際、配偶者手当を廃止・縮小する一方で、それを原資として、他の手当の増額や手当の創設、基本給への一部組み入れといった対応を行っている他社の事例も参考[363]にしながら、自社に適した見直しを検討することも有益である[364]。

図表 2-36　企業における見直し例

■ 配偶者手当を「廃止」「縮小」し、それを原資として見直しを行っているケースが多い。
　〈例〉他の扶養者手当に組み入れる、新しい手当を創設する、基本給に組み入れるなど
■ 配偶者手当の支給対象者に対して、経過措置を講じるケースも多い。
　〈例〉数年をかけて減額して廃止するなど

---
① 配偶者を対象とする手当を「廃止」したもの

〈例〉
・配偶者に対する手当を廃止し、子どもや障害を持つ家族等に対する手当を増額
・家族手当や住宅手当を廃止し、基礎能力に応じて支給する手当を創設
・家族手当を廃止または配偶者を対象から除外して、相当部分を基本給等に組み入れ

---
② 配偶者を対象とする手当を「縮小」したもの

〈例〉
・配偶者に対する手当を減額し、子どもや障害を持つ家族等に対する手当を増額
・配偶者に手厚い支給額を、扶養家族1人あたりと同じ額の支給に変更
・配偶者に対する手当は、一定の年齢までの子どもがいる場合のみ支給

出典:厚生労働省「『配偶者手当』の在り方の検討に向けて」(2023年1月改定)をもとに経団連事務局にて作成

---

[361] 労働契約法では、労働者の合意なく就業規則の変更によって労働条件の不利益変更を行うことを原則として禁止しており（9条）、例外的に行い得る場合についても、労働者の受ける不利益の程度や労働条件の変更の必要性、変更後の就業規則の内容の相当性、労働組合等との交渉の状況その他の就業規則の変更に係る事情に照らして、合理的であることが求められている（10条）。

[362] 厚生労働省「『配偶者手当』の在り方の検討に向けて」(2023年1月改定)では、賃金制度の円滑な見直しに向けて、労働契約法、判例などに加え、①ニーズの把握など従業員の納得性を高める取組、②労使の丁寧な話合い・合意、③賃金原資総額の維持、④必要な経過措置、⑤決定後の新制度についての丁寧な説明を求めている。

[363] 経団連「2023年人事・労務に関するトップ・マネジメント調査結果」では、配偶者手当の廃止や減額を行ったと回答した企業における原資の充当先（複数回答）について、「他の家族手当に充当」が64.7%、「基本給水準の引上げ（ベースアップ）に充当」が33.3%となっている。

[364] 厚生労働省のリーフレット「配偶者手当を見直して若い人材の確保や能力開発に取り組みませんか？」(2023年10月)では、主に中小企業における検討促進を図るため、配偶者手当を含む賃金制度の円滑な見直しに向けた4ステップのフローチャートを掲載している。

TOPICS

同一労働同一賃金法制と有期雇用等労働者の待遇改善

　経団連は、2030年を目途に「分厚い中間層の形成」を目標に掲げている。その実現に向けた重要な方策の1つは、わが国の雇用者数全体の約4割（36.9％）を占める有期雇用等労働者の待遇改善である。

（1）同一労働同一賃金法制（均等・均衡待遇）

　一般的に、有期雇用等労働者の賃金・処遇は、正社員より低いことが多い。有期雇用等労働者の約6割（60.8％）[365]を女性が占める中、男女間の賃金格差が生じる一因と指摘されている。

　政府は、同一企業における正社員と有期雇用等労働者との間の均等・均衡待遇を実現するため、パートタイム・有期雇用労働法を改正した（働き方改革関連法の1つとして2018年6月に成立。大企業は2020年4月、中小企業は2021年4月に施行）。

　同法8条の「均衡待遇規定」（旧労働契約法20条）は、同じ企業における正社員と有期雇用等労働者との間で、①職務内容、②職務内容・配置の変更範囲、③その他の事情を考慮して不合理な待遇差を禁止している。また、同法9条の「均等待遇規定」は、①職務内容、②職務内容・配置の変更範囲が正社員と有期雇用等労働者との間で同じ場合、待遇の違いを設けることは差別的取扱いとして禁止している。

図表 2-37　均等・均衡待遇

正社員　　　　　　　　　　　有期契約労働者
　　　　　　　　　　　　　　パートタイム労働者

比較

個別の待遇（基本給、手当、賞与等）ごとに見て違いがある場合

待遇の違いを設ける場合は均等・均衡待遇規定のいずれもクリアする必要がある

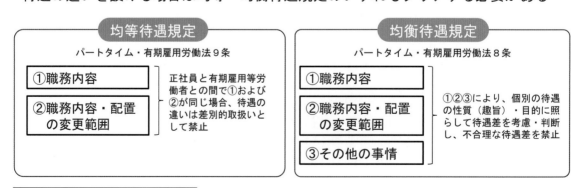

均等待遇規定	均衡待遇規定
パートタイム・有期雇用労働法9条	パートタイム・有期雇用労働法8条
①職務内容 ②職務内容・配置の変更範囲　　正社員と有期雇用等労働者との間で①および②が同じ場合、待遇の違いは差別的取扱いとして禁止	①職務内容 ②職務内容・配置の変更範囲 ③その他の事情　　①②③により、個別の待遇の性質（趣旨）・目的に照らして待遇差を考慮・判断し、不合理な待遇差を禁止

---

[365] 厚生労働省「令和2年有期雇用契約に関する調査」（2022年3月）

（2）同一労働同一賃金法制を踏まえた企業の対応状況

　厚生労働省の調査[366]によると、同法８条の均衡待遇規定（不合理な待遇差の禁止）を踏まえ、有期雇用等労働者あるいは正社員の待遇の「見直しを行った」と回答した企業は 28.5％となっている。その実施内容（複数回答）をみると、「パートタイム・有期雇用労働者の待遇の見直し」（19.4％）との回答が最も多い。具体的に見直した待遇（複数回答）としては、「基本給」（45.1％）が最も多く、これに「有給の休暇制度」（35.3％）、「賞与」（26.0％）、「その他の手当」（25.7％）が続いている。待遇の柱である基本給を重視した対応を行っていることがわかる。

　他方、「見直しは特にしていない」と回答した企業は、規模計では36.0％[367]となっており、規模が小さくなるほど見直しを行っていない企業は増加する傾向にある[368]。中小企業における待遇の着実な見直しが望まれる[369]。

図表 2-38　パートタイム・有期雇用労働者の見直しを行った待遇

（単位：％）令和３年

企業規模	パートタイム・有期雇用労働者の待遇の見直しを行った企業計		見直した待遇（複数回答）								
			基本給	賞与	退職金	通勤手当	扶養手当	その他の手当	有給の休暇制度	その他の待遇	不明
総　　　数	[19.4]	100.0	45.1	26.0	3.1	20.4	6.1	25.7	35.3	15.7	1.2
企 業 規 模											
1,000人以上	[61.5]	100.0	18.3	25.1	5.4	22.1	16.1	40.6	48.4	39.3	0.7
500〜999人	[52.4]	100.0	26.7	23.8	6.1	25.4	16.3	32.9	39.4	33.2	-
300〜499人	[46.5]	100.0	23.6	28.8	6.7	25.1	16.0	32.8	31.8	26.9	0.4
100〜299人	[34.6]	100.0	31.3	26.4	6.0	30.8	15.8	32.8	30.5	25.2	-
50〜 99人	[29.2]	100.0	41.9	25.4	4.8	23.9	12.6	29.0	31.0	17.8	0.4
30〜 49人	[19.1]	100.0	36.6	21.4	3.2	21.8	2.9	23.6	40.2	16.2	0.5
5〜 29人	[16.5]	100.0	50.8	26.6	2.0	17.8	3.1	23.6	35.8	12.4	1.6

　　注： [　]は、正社員とパートタイム・有期雇用労働者の両方を雇用している企業を 100 としたパートタイム・有期雇用労働者の待遇の見直しを行った企業の割合。
出典：厚生労働省「令和３年パートタイム・有期雇用労働者総合実態調査」（2022 年11 月）

（3）判例・裁判例を踏まえた留意点

　2018 年以降、旧労働契約法20 条の均衡待遇規定に基づく最高裁判所の判決が示されており、有期雇用等労働者の処遇を検討するうえで参考となる。

---

[366]　「令和３年パートタイム・有期雇用労働者総合実態調査」（2022 年11 月）

[367]　その他に「待遇差はない」と回答した企業は28.2％であった。

[368]　「見直しは特にしていない」と回答した企業は、「5〜29 人」（37.4％）が最も多く、これに「30〜49 人」（37.1％）、「50〜99 人」（31.5％）、「100〜299 人」（27.5％）、「300〜499 人」（21.2％）、「500〜999 人」（17.8％）、「1000 人以上」（16.3％）が続いている。

[369]　政府は、「デフレ完全脱却のための総合経済対策」（2023 年11 月２日閣議決定）において、有期雇用等労働者の処遇改善を通じた持続的な賃金引上げを実現するため、同一労働同一賃金法制の遵守をさらに徹底する方針を打ち出した。具体的には、労働基準監督署による調査結果を踏まえ、「基本給・賞与」の差の根拠に関する説明が不十分な企業等に文書指導を行って対応を求めるとしている。なお、厚生労働省は、有期雇用等労働者の基本給を引き上げるなど処遇改善を実施した事業主に対してキャリアアップ助成金を提供している。例えば、基本給を３％以上５％未満引き上げた場合、中小企業は１人当たり５万円、５％以上引き上げた場合は、同6.5 万円が支給される。

均衡待遇規定による不合理性は、諸手当や賞与・退職金、休暇など待遇ごとに、その趣旨と目的を踏まえて判断されている。

諸手当のうち、職務関連手当や勤務時間・期間に関連する手当の場合、正社員と有期雇用等労働者が同一の職務内容ないし同一の勤務形態であれば、手当は同一に支給することが原則となる。また、福利厚生・費用補助を目的とする手当の場合、例えば家族手当や住宅手当等は、社員の生活費を補助する趣旨と判断されやすく、相応に継続的勤務が見込まれる社員や無期転換したパートタイム社員についての待遇差は特に不合理と認められる可能性が高い。

賞与・退職金は、正社員と有期雇用等労働者との間で「職務内容」と「職務内容・配置の変更範囲」が異なることを前提に、人材の獲得・定着を図るなど待遇の趣旨を勘案して不合理性は否定されているものの、正社員と有期雇用等労働者との間で「職務内容」の違いを明確化し、それを就業規則等で定めておくことが望ましい。また、正社員登用制度を設けて登用実績があった場合、「その他の事情」として不合理性を否定する要素とした裁判例がある。これは、司法が有期雇用等労働者として雇用が固定されていない点を評価したものであり、実務対応上の参考となる。

休暇は、職務の内容等よりも、例えば、夏季のリフレッシュを図ることや私傷病の療養に専念させることなど具体的な趣旨・目的を重視しつつ、有期雇用等労働者の勤務時間や雇用の継続性を考慮して判断されていることに留意が必要である。

（4）労使コミュニケーションの重要性

パートタイム・有期雇用労働法14条2項は、事業主に対して、有期雇用等労働者から求めがあれば、正社員と有期雇用等労働者との間の待遇の相違の内容や理由等について説明することを定めている。企業は、同一労働同一賃金ガイドラインや判例・裁判例を参考にしながら、雇用区分ごとに職務内容、職務内容・配置の変更範囲の違いなどを説明できるようにしておくことが重要である。あわせて、労働組合など労使間で有期雇用等労働者の労働条件について協議しておくことが不可欠である[370]。

労使間で十分にコミュニケーションをとりながら、有期雇用等労働者の能力を最大限に引き出し、エンゲージメントと労働生産性を高めながら、持続的な待遇改善に努めていくことが望まれる。

---

[370] 労使交渉を経て処遇を決定したことも考慮して処遇差の不合理性を否定した裁判例がある（例えば2021年2月25日東京高裁トーカロ事件）。

TOPICS

日本の労使関係

　わが国の労使関係は、戦後の大規模なストライキを経験し、長い時間にわたる紆余曲折を経て、多くの企業において協調路線を構築・維持してきた。こうした中、2023年は、M&Aに伴う経営陣の交代や経営方針・企業風土の変容、労働条件に対する不安等に端を発して、数十年ぶりに大規模なストライキが実施されたことが話題となった。

　そこで、本稿では、日本の労使関係の変遷を振り返るとともに、労使紛争の動向を改めて確認する。

（1）わが国の労使関係の概観

　わが国の労働組合活動は、終戦直後の1945年に労働組合法が公布（1946年施行）されて以降、本格化し始めた。1947年には労働組合員数が雇用者全体の45%に達する中、労働争議が頻発するようになった。そこで、1948年に、使用者側は「経営者よ 正しく強かれ」をスローガンに、全国組織として日本経営者団体連盟（日経連、現在の経団連）を結成して対応した。

　その後、労働組合活動は闘争至上的な様相をさらに強め、労使間の対立は深刻の度合いを増していった。その最たるものが「三井三池闘争」（1959年～1960年）である。社会問題にまで発展したこの大規模ストライキを契機に、労使協調路線に転換が図られるとともに、生産性向上・成果の分配という賃金闘争が中心となった。

　次の大きな転換点は、第1次オイルショック（1973年）である。危機的なインフレと、収益増大を伴わない大幅な賃金引上げに対応すべく、労使双方が物価安定と経営改善を図るため、賃金引上げ率を一定程度抑制する方針で合意したことから、経済整合性による賃金決定へと大きく舵が切られた。

　3番目の大きな転換点は、プラザ合意（1985年）による円高不況である。急速な円高に伴い、日本の主要産業である電機・自動車などの輸出産業が打撃を受け、企業の経営環境が悪化する中で、労働時間の短縮をはじめとする労働環境の改善や雇用の維持など、賃金以外の労働条件に関する交渉も行われるようになった。

　その後も日本経済は、バブル崩壊（1991年）やグローバル競争の激化、リーマン・ショック（2008年）に端を発した世界同時不況、東日本大震災（2011年）からの復旧・復興、新型コロナウイルス感染症の拡大に伴う事業環境の変化など幾多の困難に遭遇した。その度に労使で「自社の存続と発展」「従業員の雇用維持・確保」を最優先に話し合い、危機的状況を共に乗り越えてきた。

現在、国際情勢の不安定化や円安の進行等による物価上昇が続く中、賃金引上げのモメンタムを維持・強化し、「構造的な賃金引上げ」と「成長と分配の好循環」を実現することが、労使双方に対する時代の要請ともいえよう。

図表 2-39　日本の労使関係における主な出来事

戦前	1912年　　友愛会結成（労働運動の発祥）、1920年 初のメーデー 1930年代～ 思想統制（労働運動の「冬の時代」）
1945年	**労働組合法公布** 労働三権（団結権、団体交渉権、争議権）の保障を具体化
1948年	**日経連結成** 激しい労働争議に対応するため経営者団体を結成　「経営者よ正しく強かれ」
1960年	**三井三池闘争** 大規模ストライキ⇒「労使協調路線」「パイの拡大・分配中心」の賃金闘争へ
1973年～	**第1次オイルショック** 石油価格の急上昇に伴う物価狂乱⇒「経済整合性」による賃金決定と安定成長
1985年～	**プラザ合意による円高不況** 急速な円高による輸出不況 ⇒ 労働時間短縮や雇用の維持など「賃金以外の労働条件交渉」
1989年	**連合の発足** 官民を含めた労働戦線の統一
1991年～	**バブル崩壊とグローバル化の進展** リストラによる雇用調整、グローバル競争の激化⇒賃金引上げより「雇用の維持・確保」を重視
2002年	**経団連と日経連の統合**　労働問題と経済問題の総合的な取組み体制の構築
2008年～	**リーマン・ショック** 世界的金融危機に伴う雇用情勢悪化 ⇒ 政労使で雇用の安定・創出に向けた取組み
2011年～	**東日本大震災**　震災からの復旧・復興への取組み、積極的な雇用創出など被災地支援
2020年～	**新型コロナウイルス感染症の拡大**　企業を取り巻く環境や働き方が大きく変容
現　在	「構造的な賃金引上げ」「成長と分配の好循環」の実現

（2）わが国の労使紛争の状況

多くの企業において、労使関係が安定的で良好になっていくにつれ、労働組合と事業主との紛争である「集団的労働紛争（労働争議）」の件数は大きく減少している。一方で、労働組合に属さない働き手の増加等を背景に、個々の労働者と事業主間の紛争である「個別労働紛争」の件数は増加し、近年は高止まり状態にある。ここでは、集団的・個別それぞれの労働紛争の動向を紹介する。

① 集団的労働紛争（労働争議）の動向

集団的労働紛争（労働争議）とは、労働関係の当事者間において、労働関係に関する主張が一致しないために争議行為が発生している状態または発生するおそれがある状態を指すとされている（労働関係調整法6条）。労働争議はさらに、「争議行為を伴う争議」（同業罷免：ストライキ、作業所閉鎖：ロックアウト、怠業：サボタージュ等）と「争議行動を伴わない争議」に大別される。

労働争議の具体的な内容や実施時期は、個々の企業や事案等によって様々であるが、景気変動や産業・エネルギー構造の転換等に伴う企業による人員削減・雇用調整に対抗する手段として、また、労働条件の向上や賃金引上げ要求の実現を求めて実施される場合が多い。

わが国の労働争議の総数は、戦後、労使間の対立が激化する中で徐々に増加した。労使協調路線に転換した1960年代以降も、いわゆる春闘[371]の定着などに伴って1970年代前半にかけて増加を続けた。しかし、良好な労使関係の構築や労働組合の組織率の低下[372]等を背景として、第一次オイルショック直後の1974年（総争議10,422件、争議行為を伴う争議9,581件）をピークに、労働争議の件数は長期的に減少していくこととなった。直近の2022年では、総争議が270件、争議行為を伴う争議が65件にまで減っている。

図 表 2-40　労働争議件数の推移（1946〜2022年）

出典：厚生労働省「労働争議統計調査」をもとに経団連事務局にて作成

② 個別労働紛争の動向

総合労働相談コーナー[373]に寄せられた民事上の個別労働紛争の相談件数は近年、20万後半で推移しており、直近の2022年度は27万2,185件（前年度比1万1,954件減）であった。そ

---

[371] 1955年に民間の8つの産業別労働組合が共闘して賃金引上げ要求を行ったことが初めとされる。毎年春の時期に交渉力の強い産業別・企業別労働組合が先導役として高い回答・妥結額を引き出して相場を形成し、その後に交渉する他の労働組合に波及させて全体的な引上げを図ることを目的としている。

[372] この間、労働組合の推定組織率もほぼ一貫して減少している。厚生労働省「労働組合基礎調査」によると、1970年に35.4%であった組織率は、2003年に20%を割り込み、2022年は16.5%となっている。

[373] 各都道府県労働局や全国の労働基準監督署内379カ所（2023年4月1日現在）に設置されている。専門の相談員が職場のトラブルに関する相談や解決のための情報提供をワンストップで行っている。

の内訳は「いじめ・嫌がらせ」が6万9,932件と、相談内容別では2012年度以降11年連続で最も多い。次いで、「自己都合退職」が4万2,694件、「解雇」が3万1,872件、「労働条件の引下げ」が2万8,287件、「退職勧奨」が2万4,178件となっている。

個別労働紛争に対しては、行政や司法等による解決システムが用意されている[374]。しかし、原則として、当事者である個々の労働者と企業・事業主の合意に基づく自主的な解決が望ましい。そのためには、経営者と社員、上司と部下など日頃から様々なレベルや階層、チャネルを通じた労使コミュニケーションの実施が不可欠である。

図表 2-41　民事上の個別労働紛争相談件数

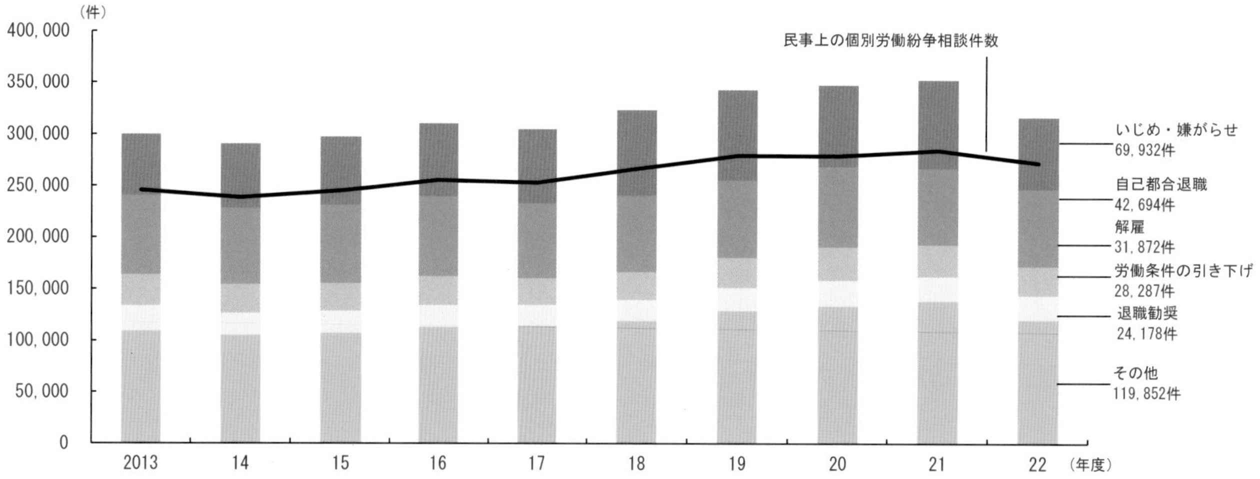

注：内訳は延べ合計件数であり、1回の相談で複数の内容にまたがる相談があった場合は、それぞれを件数に計上している。
出典：厚生労働省「令和4年度個別労働紛争解決制度の施行状況」をもとに経団連事務局にて作成

このように、わが国の労使関係は、戦後から長きにわたって変容・進化し、総じて安定的で良好な関係を構築・維持している。「企業別」の労使関係によって、自社の実情を踏まえた対応がしやすく、これまでも様々な危機的な状況を克服してきた。

現在のコストプッシュ型の物価上昇を契機に、デフレからの完全脱却と「構造的な賃金引上げ」の実現に向けて、2024年の春季労使交渉は大きな意味をもっている。加えて、DXやGX推進による産業構造の変革、多様で柔軟な働き方の進展、就労ニーズと雇用形態の多様化など、企業経営に関わる様々な変化が生じている。

こうした中、労使には引き続き、適切な緊張感と距離感を保ちながら、わが国の抱える社会的課題を共に解決し、未来を「協創」する関係を目指すことが求められている。

---

[374] 具体的には、①労働局や労働基準監督署内にある総合労働相談コーナーにおける相談や情報提供、②①の手続きを経た後、都道府県労働局長が当事者に対して行う助言や指導、③都道府県労働局に設置された「紛争調整委員会」（労働問題の専門家により組織）によるあっせん等の手続きがある。いずれも事業主・労働者の双方が無料で利用できる。

経営労働政策特別委員会名簿

<会　長>
　十　倉　雅　和　　住友化学会長

<審議員会議長・地方団体長会議長>
　冨　田　哲　郎　　東日本旅客鉄道会長／東京経営者協会会長

<審議員会副議長・経営労働政策特別委員長>
　大　橋　徹　二　　コマツ会長

<副会長>
　佐　藤　康　博　　みずほフィナンシャルグループ特別顧問
　菰　田　正　信　　三井不動産会長
　安　永　竜　夫　　三井物産会長
　東　原　敏　昭　　日立製作所会長
　橋　本　英　二　　日本製鉄社長
　津　賀　一　宏　　パナソニックホールディングス会長
　南　場　智　子　　ディー・エヌ・エー会長
　小　路　明　善　　アサヒグループホールディングス会長
　永　野　　　毅　　東京海上ホールディングス会長
　遠　藤　信　博　　日本電気特別顧問
　小　堀　秀　毅　　旭化成会長
　永　井　浩　二　　野村ホールディングス会長
　筒　井　義　信　　日本生命保険会長
　澤　田　　　純　　日本電信電話会長
　垣　内　威　彦　　三菱商事会長
　泉　澤　清　次　　三菱重工業社長
　野　田　由美子　　ヴェオリア・ジャパン会長
　亀　澤　宏　規　　三菱ＵＦＪフィナンシャル・グループ社長
　久保田　政　一　　日本経済団体連合会事務総長

＜審議員会副議長＞

早　川　　　茂　　トヨタ自動車副会長
市　川　秀　夫　　レゾナック・ホールディングス相談役
鈴　木　善　久　　伊藤忠商事専務理事
吉　田　憲一郎　　ソニーグループ会長
武　内　紀　子　　コングレ社長
出　雲　　　充　　ユーグレナ社長
時　田　隆　仁　　富士通社長
小　坂　達　朗　　中外製薬特別顧問
魚　谷　雅　彦　　資生堂会長
満　岡　次　郎　　ＩＨＩ会長
西　澤　敬　二　　損害保険ジャパン会長
安　川　健　司　　アステラス製薬会長
原　　　典　之　　三井住友海上火災保険会長
柿　木　真　澄　　丸紅社長
兵　頭　誠　之　　住友商事社長
稲　垣　精　二　　第一生命ホールディングス会長

＜地方団体長会副議長＞

増　子　次　郎　　宮城県経営者協会会長／東北電力会長
大　島　　　卓　　愛知県経営者協会会長／日本ガイシ会長

＜雇用政策委員長＞

淡　輪　　　敏　　三井化学会長
内　田　高　史　　東京ガス会長

＜労働法規委員長＞

芳　井　敬　一　　大和ハウス工業社長

2024年版 経営労働政策特別委員会報告

編　者
一般社団法人 日本経済団体連合会

発　行
2024年1月16日　第1刷

発行所
経団連出版
〒100-8187　東京都千代田区大手町1-3-2
経団連事業サービス
電話　編集03-6741-0045　販売03-6741-0043

装丁　池上幸一
表紙イラスト　hisa nishiya / iStock

印刷所
サンケイ総合印刷